Lieblingstouren
*der Münchner Stadtführerinnen
und Stadtführer*

Michael Volk (Hrsg.)

Lieblingstouren
der Münchner
Stadtführerinnen
und Stadtführer

Mit den Profis unterwegs

Volk Verlag München

Die Deutsche Bibliothek verzeichnet diese Publikation in der Deutschen Nationalbibliografie; detaillierte bibliografische Daten sind im Internet über https://portal.dnb.de/ abrufbar.

2. Auflage, 2024
© 2021 Volk Verlag München
Neumarkter Straße 23; 81673 München
Tel. 089 / 420 79 69 80; Fax: 089 / 420 79 69 86

Druck: DZS Grafik, d.o.o., Ljubljana

Alle Rechte, einschließlich derjenigen des auszugsweisen Abdrucks sowie der photomechanischen Wiedergabe, vorbehalten.

ISBN 978-3-86222-408-1

www.volkverlag.de

Inhalt

01 **Die Nachtwächtertour** 9
Wolfgang Oppler

02 **Goldene und dunkle Zeiten** 23
Anne Funck

03 **Die Revolution von 1918/19** 41
Rita Steininger

04 **Eine königliche Freundschaft** 55
Marlies Lüpke

05 **Die Maximiliansanlagen** 71
Anette Spieldiener

06 **Haidhausen** 87
Gabriele Leo Hoffmann

07 **Münchens Bierberge** 105
Astrid Assél, Christian Huber

08 **Die nördliche Au** 123
Rudolf Hartbrunner

09 **Über den Alten Südfriedhof** 139
Alexander Kardaschenko

10 **Das Westend** 161
Hans-Joachim Wehlmann

11 **Durch den Petuelpark** 177
Cornelia Ziegler

Tourenübersicht

Vorwort

Liebe Leserinnen und Leser,
seit der ersten urkundlichen Erwähnung der Stadt 1158 befindet sich München in stetigem Wachstum. Schnell reichte der erste Mauerring nicht mehr aus. Das Stadtgebiet musste vergrößert werden, was Zug um Zug die Eingemeindung umliegender Dörfer zur Folge hatte. Und so kommt es, dass jedes Viertel Münchens seine eigene Geschichte und seinen ganz eigenen Charme besitzt.

11 Lieblingstouren der Münchner Stadtführerinnen und Stadtführer nehmen Sie mit in diese vielfältigen Lebenswelten, in hippe Szeneviertel ebenso wie in alte Straßenzüge, in denen sich München noch im besten Sinne wie das sprichwörtliche „Millionendorf" anfühlt. Vorbei an Denkmälern beeindruckender Persönlichkeiten, über Plätze, auf denen Geschichte geschrieben wurde, und durch Grünanlagen, in denen einst Könige wandelten – keine Route gleicht der anderen, jede Lieblingstour widmet sich einer neuen Facette Münchens und hält so manchen Augenöffner bereit.

Begeben Sie sich auf Entdeckungstour – und werfen Sie bitte auch einen Blick auf die Profilseiten unserer Stadtführerinnen und Stadtführer, die über ihre Lieblingstouren hinaus eine Vielzahl von München-Erkundungen anbieten. Jede „echte" Stadtführung ist ein Erlebnis, das in der sympathischen Gruppe – und mit den Profis an Ihrer Seite – noch einmal gewinnt.

Nun aber wünsche ich Ihnen viel Vergnügen mit unseren „Lieblingstouren"!

Ihr Michael Volk

Wolfgang Oppler

Die Nachtwächtertour
Rund um die Heinrichsstadt

Der Nachtwächter folgt mit seinen Gästen nach Einbruch der Dunkelheit dem Verlauf der ehemaligen Mauer um die „Heinrichsstadt", so benannt nach dem Stadtgründer Heinrich dem Löwen aus dem Geschlecht der Welfen, Herzog von Bayern und von Sachsen. Dieser innere Mauerring begrenzte München in der Zeit von kurz nach der Gründung im Jahr 1158 bis zur Mitte des 14. Jahrhunderts.

1 Marienplatz, Blick aufs Neue Rathaus

Der Nachtwächter gehörte zu den „unehrlichen Berufen" wie der Henker, der Totengräber, der Abdecker und der Pappenheimer (Abtrittgrubenentleerer). Das hieß nicht, dass diese Berufsgruppen gelogen und betrogen haben, sondern es bedeutete, dass sie keine ständische Bürgerehre besaßen.

München wurde an der Kreuzung zweier wichtiger Handelsstraßen gegründet, der von Ost nach West verlaufenden Salzhandelsstraße und der von Süd nach Nord verlaufenden Weinhandelsstraße. Am Schnittpunkt dieser Straßen lag der Marktplatz, der heutige **Marienplatz**. Hier wurde wochentäglich mit allem gehandelt, was die Bürger zum täglichen Leben benötigten. Da gab es den Fischmarkt, den Eiermarkt, den Krautmarkt und den Weinmarkt. Hier boten die Schneider und Schuhmacher, die Besenbinder, Seifensieder und viele andere ihre Waren feil. Zu festen Zeiten war der Platz den Schrannen- oder Getreidehändlern vorbehalten. Getreide war mit Abstand die wichtigste Nahrung, nicht nur, weil man damit Brot gebacken und Bier gebraut hat. Für viele Menschen war ein Gersten- oder Haferbrei die einzige Nahrung, die sie sich leisten konnten, auch die einzige, die sie mit ihren schlechten Zähnen essen konnten.

Aber auf dem Platz geschah mehr. Hier wurden in Sonderfällen Hinrichtungen vorgenommen. Hier wurden Feste gefeiert, wie 1568 das 18-tägige Hochzeitsfest von Herzog Wilhelm V. mit Renata von Lothringen, an das in der oberen Hälfte des Glockenspiels erinnert wird. Hier wurden Turniere mit Lanzenstechen abgehalten.

2 Marienplatz Südseite, Einmündung Rindermarkt

Die Kirche St. Peter heißt bei den Münchnern nur der **„Alte Peter"**. Sie ist so alt wie die Stadt selber. Als Heinrich der Löwe die Stadt München gründete, hat sich an dieser Stelle eine Mönchssiedlung befunden, die der neuen Stadt den Namen gegeben hat. „München" leitet sich von diesen Mönchen her.

Oben am Turm war die Kammer des Türmers. Der hat aufgepasst, ob sich Feinde der Stadt nähern und ob es brennt. Dann hat er in sein Horn geblasen, und der Nachtwächter gab den Feueralarm weiter und scheuchte die Bürger zur Brandstelle, damit sie beim Löschen

Schrannenplatz, heute Marienplatz, Blick nach Osten auf das Alte Rathaus. Aquarell von Carl Fr. Heinzmann, 1836

helfen. Gekocht und beleuchtet wurde mit offenem Feuer. Da anfangs die Häuser aus Holz gebaut und mit Stroh gedeckt waren und sie zudem sehr dicht aneinander standen, konnte ein Brand verheerende Folgen haben, so geschehen 1327, als ein Feuer die halbe Stadt zerstörte. Zu Löschzwecken mussten die Bürger in ihren Häusern einen Eimer und einen eisernen Haken zum Einreißen brennender Wände bereit halten.

3 St. Peter, neben dem nordwestlichen Seitenportal

Hier hängt hinter einem Gitter das **„Arme-Sünder-Glöckerl"**. Es wurde geläutet, wenn einer in ein besseres Jenseits vorangegangen war, aber auch dann, wenn eine Hinrichtung anstand. Dann liefen die Menschen mit fliegenden Rockschößen zum Richtplatz im Westen vor der Stadt. Die ehrenvollste Hinrichtungsart war das Enthaupten, das war dem Adel und der hohen Geistlichkeit vorbehalten. Die Geköpften durften in geweihter Erde bestattet werden. Mehr Spektakel war geboten, wenn einer verbrannt wurde. Das dauerte länger. Aber das kam in München sehr selten vor, denn für einen Scheiterhaufen benötigte man eine gehörige Ladung Holz. Das Holz war teuer und wurde als Baumaterial und als Brennmaterial zum Einheizen oder Ziegelbrennen gebraucht.

Die häufigste Hinrichtungsart war das Aufhängen. Der Galgen stand ohnehin am **Richtplatz**, da brauchte man nur noch einen Strick. Die Gehängten ließ man hängen, bis sie von selber herunterfielen. Anschließend ging der Scharfrichter wieder raus zum Richtplatz und scharrte die traurigen Überreste in ungeweihter Erde ein. Beliebt war auch das Rädern. Die als Mörder oder Räuber Verurteilten wurden am Boden festgebunden. Dann nahm der Scharfrichter ein eisenbeschlagenes Wagenrad und zerschmetterte ihre Gliedmaßen. War der Scharfrichter gnädig, schlug er das Rad dann auf Hals oder Haupt und führte den sofortigen Tod herbei. Nicht selten unterblieb das und der Gequälte wurde bei lebendigem Leib auf das Rad geflochten und auf einem Pfahl aufgestellt, der Sonne und den Krähen preisgegeben. Mancher erlitt diese Tortur bis zu drei Tagen lang.

Rädern und Aufhängen war den Männern vorbehalten. Typische Hinrichtungsart für Frauen war das Ertränken. Sie wurden dazu mit einigen schweren Steinen in einen Sack gesteckt, der Sack wurde zugebunden und in die Isar geworfen.

4 Peterskirche Südseite

Rings um die Kirche war der Friedhof vom Alten Peter. Das war nicht der einzige Gottesacker in der Stadt. Daneben gab es noch die Friedhöfe der Frauenkirche und der beiden Grablegekirchen, der **Salvatorkirche** und der Kirche **Allerheiligen am Kreuz**. Hinzu kamen die Friedhöfe der vier Klöster.

Beim Eingraben gab es eine Rangordnung. Arme Schlucker landeten im hintersten Winkel des Friedhofs weit weg von der Kirche. Je mehr Geld ein Toter gehabt und gezahlt hat, desto näher durfte er an die Kirche. Wer reich war, konnte einen Epitaph kaufen, wie man sie rings herum an der Kirchenmauer sieht. Epitaphien sind keine Grabsteine, sondern Gedenkplatten, die die Ehre der Verstorbenen und ihre Gottesfürchtigkeit verkünden. Manche Münchner waren so reich, dass sie sich sogar in der Kirche einen eigenen Seitenaltar leisten konnten. Da gab es dann darunter eine Gruft als Familiengrablege.

Warum wollten die Menschen so nah wie möglich an der Kirche liegen? Die Kirche beherbergt Reliquien, Überreste von Heiligen, zumeist Knochen. Man wusste, dass diese Heiligen am jüngsten Tag ohne Umweg durch das Fegefeuer direkt in den Himmel fahren dürfen, und hoffte, dass dabei eine Art Sog entsteht, bei dem die in der Nähe Liegenden miterfasst würden.

5 Vor der Heilig-Geist-Kirche, Hauptportal

Gleich neben dem Alten Peter steht eine weitere Kirche. Früher verlief zwischen den beiden Gotteshäusern die Stadtmauer. Das hier war die Kirche des **Heilig-Geist-Spitals**, der ersten sozialen Einrichtung der Stadt am Anfang des 13. Jahrhunderts. Zunächst war es für Pilger gedacht, die in großer Zahl nach München kamen und aus der Ferne oft Krankheiten mitbrachten. Für die hat man außerhalb der Stadt ein Spital errichtet. Später kamen Einrichtungen für andere Personengruppen dazu. Für Alte gab es das Männer- und das Weiberhaus, für ledige Kinder das Findelhaus, für Menschen mit geistigen Behinderungen die sogenannte Narrenkeuche. Das Heilig-Geist-Spital wurde wie ein Kloster geführt und nahm die gesamte Fläche des heutigen **Viktualienmarkts** ein.

Die Findelkinder stammten von Dienstmägden, die sich der lüsternen Annäherungen ihrer männlichen Dienstherren nicht erwehren konnten. Bei den Narren glaubte man, Gott habe sie für ein

Das ehemalige Heilig-Geist-Spital am Viktualienmarkt, Zeichnung von 1871

begangenes Vergehen mit Dummheit gestraft. Im Altenhaus musste man für die Unterbringung zahlen oder sich den Platz durch Arbeit auf den Feldern oder in den Handwerksbetrieben des Klosters verdienen. Wer dazu nicht in der Lage war, musste für reiche Bürger der Stadt beten. Die gaben dafür gutes Geld, dann galt das, als hätten sie selber gebetet.

In der Backsteinmauer gegenüber erblicken wir die sogenannte **Metzgerzeile**. 1315 verbannte Kaiser Ludwig der Bayer auf Drängen der anderen Markttreibenden die Metzger vom Marktplatz hierher. Ihre übelriechenden Abfälle waren den anderen Händlern ein Dorn im Auge oder vielmehr in der Nase. Den Metzgern war der neue Standort recht. Hier floss der Rossschwemmbach vorbei. Solche Stadtbäche dienten der Abfallentsorgung. Dahinein warfen die Leute alles Überflüssige.

Ein paar Meter nach Süden gab es eine Bestrafungsstelle für Bäcker, die Bäckerschnelle. Hatten die zu kleine Brote gebacken oder ihr Mehl mit Sägespänen oder Isarsand gestreckt, wurden sie in einem hölzernen Käfig mehrmals in die trübe Brühe des Rossschwemmbachs getaucht.

6 Unter dem Torturm des Alten Rathauses

Hier steht das **erste Stadttor** Münchens, das Talburgtor. Dieser Torturm hat die frühe Stadt nach Osten hin begrenzt. Ursprünglich maß München von Ost nach West und von Süd nach Nord jeweils 400 Meter. Der innere Mauerring hatte fünf Tore, mehrgeschossige Türme mit verschließbaren Tordurchfahrten. Davon steht heute als einziges noch das Talburgtor als Nachbau. Als Mitte des 14. Jahrhunderts die Stadt aus allen Nähten platzte, fügte man in jeder Himmelsrichtung 400 Meter hinzu und errichtete einen zweiten Mauerring. Jetzt waren es von Tor zu Tor 1200 Meter. Drei wichtige Tore dieses äußeren Rings stehen noch, im Osten das Isartor, im Süden das Sendlinger Tor, im Westen das Neuhauser- oder Karlstor. Nur das nördliche Schwabinger Tor musste der Feldherrnhalle weichen.

Die Errichtung und der Unterhalt der Stadtmauern erfolgte durch die Bürger. Bedeutenden Geschlechtern und Zünften war der Unterhalt bestimmter Mauerabschnitte aufgegeben. Begüterten Bürgern, die sich etwas zu Schulden kommen ließen, wurde als Strafe die Beschaffung genau benannter Mengen an Ziegelsteinen aufgegeben. Auch die Verteidigung der Stadt und der Wachdienst waren Ehrenpflicht der Bürger.

Die Stadttore wurden nachts versperrt, in Kriegszeiten auch tagsüber. Reisende, die bei ihrem Weg zur Stadt in Verzug gerieten, wurden von einer Torschlusspanik befallen. Denn wenn die Tore zu waren, gab es keinen Einlass mehr. Erst nach Errichtung des zweiten Mauerrings gewährte ein Einlasstor auch zu nächtlicher Stunde für hohen Preis Durchlass.

An den Stadttoren wurden die Zölle erhoben, der Brückenzoll, der Salzzoll, der Wasserzoll und der Wagenzoll. Die beiden Hauptdurchgangsstraßen wurden schon früh gepflastert, wofür ein Pflasterzoll zu entrichten war. Da sagten die Leute, München sei ein teures Pflaster. Daran hat sich bis heute nichts geändert.

7 Altes Rathaus von der Burgstraße aus

Das **Alte Rathaus** wurde Ende des 15. Jahrhunderts erbaut. Über der heutigen Durchfahrt war der Ballsaal. Unten war das Gefängnis mit der Schergenstube. Da wurden die Leute, denen man etwas zur Last legte, hochnotpeinlich befragt. Nach dem damaligen Rechtssystem setzte eine Verurteilung ein Geständnis voraus, das durch die Folter erzwungen werden konnte. Die Folter, auch Tortur, strenge, scharfe oder peinliche Befragung genannt, war keine Strafe an sich, sondern eine Maßnahme des Strafverfahrensrechts, um ein Geständnis als Grundlage für ein Urteil zu erlangen. Sehr wirksame Folterarten waren Daumenschraube, Kopfzwinge, Schädelpresse, Brustreißer, Streckbank, spanische Stiefel und das Aufziehen. Daneben gab es Instrumente zur Schandfolter wie die Schandmaske und die Schandgeige. Diese dienten der Demütigung und öffentlichen Lächerlichmachung des Delinquenten.

8 Alter Hof

Diese burgartige Anlage, genannt **Alter Hof**, war die erste Residenz der Herrscher in München. Der Stadtgründer Heinrich der Löwe war beim Kaiser Friedrich Barbarossa in Ungnade gefallen, weil er seine Nachbarfürsten drangsalierte und die Heerfolge verweigerte. Also setzte der Kaiser ihn 1180 ab und gab das Herzogtum an seinen Vertrauten Otto I. von Wittelsbach. Keiner ahnte, dass dieses Geschlecht 738 Jahre hindurch ununterbrochen herrschen sollte, länger als irgendein anderes Herrscherhaus in Europa.

Erbaut wurde der Alte Hof 1253 von Ludwig dem Strengen. Der hieß so, weil er seine erste Frau Maria von Brabant, eine Schönheit aus reichem Haus, aus unbegründeter Eifersucht hinrichten ließ oder gar selber köpfte.

Blick durch die Burgstraße auf die Südseite des Alten Hofs. Radierung von Domenico Quaglio, 1811

Einer seiner Söhne war Ludwig der Bayer, der erste Wittelsbacher auf dem Kaiserthron, der dieses Gebäude zur ersten Kaiserburg im Deutschen Reich machte. Bis dahin waren die Kaiser Reisekaiser gewesen, waren von Pfalz zu Pfalz gezogen. Ludwig der Bayer nahm feste Residenz hier im Alten Hof, in der er einen großen Teil des Jahres lebte.

9 Marienhof, Übergang Diener- zur Residenzstraße

Hier stand der zweite Turm des inneren Mauerrings, der **Krümleinsturm**. Die Position der früheren Tortürme erkennt man daran, dass sich bei einer geradeaus laufenden Straße der Straßenname ändert. Am Talburgtor wurde der Marienplatz zum Tal. Hier wird die Dienerstraße zur Residenzstraße.

Die **erste Residenz** befand sich an der Nordostecke der Stadt. Die Herrscher legten Wert auf einen schnellen Fluchtweg, da sie einen Aufstand ihrer Untertanen mehr fürchteten als einen Angriff von außen. Nach Errichtung des zweiten Mauerrings befand sich die Residenz mitten in der Stadt. Also errichteten die Herrscher wiederum an der Nordostecke die Neuveste, aus der sich über Jahrhunderte durch fortwährende An- und Ausbauten die heutige Residenz entwickelte.

10 Schäfflereck, Übergang Wein- zur Theatinerstraße

Hier stand der nächste Torturm, der **Wilbrechtsturm**. An dieser Stelle geht die Weinstraße in die Theatinerstraße über. Die Weinstraße war Teil der Weinhandelsstraße und erinnert daran, dass München ursprünglich Weinstadt, nicht Bierstadt war. Es wurde rings um München in großem Stil Wein angebaut. Wer es sich leisten konnte, trank lieber Weine aus Italien oder Südtirol, die über die Weinhandelsstraße nach München kamen. Die sogenannte kleine Eiszeit, eine Klimaverschlechterung von Mitte des 16. bis Mitte des 17. Jahrhunderts, machte dem Weinanbau hier ein Ende. Zugleich gewann das Bier an Qualität, nicht zuletzt durch das städtische Reinheitsgebot von 1487. So wurde München in kurzer Zeit von einer Weinstadt zur Bierstadt.

Die Straße nach Westen heißt Schäfflergasse, benannt nach den Fassmachern, einer der wichtigsten Zünfte. Die Fässer wurden vor allem für das Salz benötigt, das weiße Gold des Mittelalters, das über die Salzhandelsstraße in großen Mengen nach München kam. Man verwendete es unter anderem zum Haltbarmachen von Lebensmitteln. Das Münchner Salzmonopol besagte, dass die aus Reichenhall, Hallein, dem Salzkammergut kommenden Salze von Passau bis zum Gebirge nur bei München die Isar überqueren durften und in der Stadt drei Tage lagern mussten (Stapelpflicht). Das Salz kam in riesigen Scheiben an, wurde hier zerkleinert und in Fässer abgefüllt.

Inneres Schwabinger Tor (Wilbrechtstor) in der heutigen Weinstraße. Aquarell von Carl August Lebschée, 1859

11 Hauptportal Frauenkirche

Hier ragen die Türme der **Kirche zu Unserer Lieben Frau** in den Nachthimmel. Üblicherweise gingen im Mittelalter die Bauzeiten großer Kirchenbauwerke in die Jahrhunderte. Der Bau der Frauenkirche begann 1468, endete 1488. Wegen der kurzen Bauzeit argwöhnte die Bevölkerung, der Baumeister Jörg von Halspach habe nur mit Unterstützung des Teufels die Kirche so schnell errichten können. Die Eile rührte daher, dass München die ewigen Konkurrenten, die Städte Landshut und Ingolstadt, bei deren Kirchenbauten überholen wollte. In allen drei Städten herrschten Wittelsbacher Herzöge und waren sich nicht grün.

Der Beschleunigung diente zum einen, dass auf die bei gotischen Bauwerken typische Ornamentik weitgehend verzichtet wurde, zum anderen, dass nur Baumaterial verwendet wurde, das in der Nähe vorhanden war. Den Nagelfluh für das Fundament schnitt man aus Isarkies, den Lehm für die Ziegel fand man in Haidhausen und brannte ihn vor Ort, das Holz für den Dachstuhl wurde mit Flößen aus dem Isarwinkel herangeschafft. Finanziert wurde der Kirchenbau durch den Herzogshof, durch die Stadt, die reichen Patrizier- und Kaufmannsfamilien, die auch hier Seitenaltäre im Kircheninneren erwarben. Wichtigste Geldquelle war jedoch ein Ablassbefehl von Papst Sixtus IV., dem Erbauer der nach ihm benannten Sixtinischen Kapelle in Rom. Danach sollte in den Osterwochen 1480, 1481 und 1482 jedem Gläubigen, der mindestens einen Wochenlohn für den Kirchenbau spendete und die Beichte ablegte, ein Sündenablass gewährt werden. Stolze 65.000 Pilger kamen in der Osterwoche 1480 nach München, das damals gerade 13.000 Einwohner zählte. 1481 kamen noch einmal 28.000, im dritten Jahr waren es 34.000 Pilger.

12 Augustinerstraße

In diesem grünen Gebäude befindet sich heute das **Polizeipräsidium**. Ende des 13. Jahrhunderts entstand hier das **Augustinerkloster**. Zunächst lag es außerhalb der Stadtmauer, wie auch das Franziskanerkloster im Norden an der Stelle der heutigen Oper, das Kloster der Klarissen am Anger im Südosten und das Kloster vom Heilig Geist im Osten am heutigen Viktualienmarkt.

Der große Brand von 1327 hat auch hier Spuren hinterlassen. Zwar war dieses Kloster verschont geblieben, doch da das Heilig-Geist-Kloster stark zerstört war, baten die dortigen Mönche, bei den Augustinern ihr Bier brauen zu dürfen. Das wurde ihnen 1328 mit hoheitlicher Urkunde gestattet. Weil das die erste urkundliche Nennung der **Braustätte der Augustiner** war, gilt dies als Gründungsdatum Münchens ältester Brauerei, auch wenn die Augustiner bestimmt schon früher Bier gebraut haben.

13 Schöner Turm, Übergang Kaufinger- zur Neuhauser Straße

Hier stand das westliche Tor der inneren Mauer, der mit herrlichen Fresken bemalte **Schöne Turm**. Seine Umrisse sind auf dem Pflaster durch verschiedenfarbige Pflastersteine dargestellt. An dieser Stelle wird die Kaufingerstraße zur Neuhauser Straße. Von hier kann man im Osten das Talburgtor erkennen und bekommt einen Begriff, wie kurz die Stadt in ihren ersten Jahren war. Durch diese beiden Tore führte die Salzstraße, die sich bald zu einer der bedeutendsten Handelsstraßen Süddeutschlands entwickelte.

Der nach Süden führende Färbergraben beherbergte die Schwarzfärber, die Schönfärber, die Wollfärber und die Blaufärber. Wenn letztere Stoffe und Tücher mit dem Extrakt der Waidpflanze einfärbten, wurde die Ware zunächst gelbgrün. Hängte man die Stoffe zum Trocknen an die Luft, konnte man sein blaues Wunder erleben. Die Stoffe wurden durch Oxidation blau. Die Färber hängten die Stoffe am Samstagabend auf und ließen sie 48 Stunden hängen. Weil sie dann am Montag nichts zu tun hatten, war das der blaue Montag. Die Färber machten blau.

Rekonstruierende Zeichnung des mittelalterlichen Schönen Turms nach Carl August Lebschée, Aquarell von 1853

14 Blauententurm, Übergang von der Rosen- zur Sendlinger Straße

Hier stand der fünfte Turm der inneren Stadtbefestigung, der nach seiner farbenprächtigen Bemalung **Blauententurm** genannt war. Es ist der Übergang von der Rosenstraße zur Sendlinger Straße.

Links: **Der Blauententurm, auch Inneres Sendlinger Tor,** war der südliche Stadtzugang. 1808 abgebrochen. Zeichnung der mittelalterlichen Ansicht des Tores von 1910.

Rechts: **Ansicht des Blauententurms um 1600.**
Zeichnung von Heinrich Theodor Hudemann, 1841

Wir befinden uns wieder in der Weinhandelsstraße, die wir schon weiter nördlich gesehen haben. Hier landeten aus dem Süden nicht nur köstliche Weine, sondern andere wertvolle Handelsgüter wie Schmuck und Geschmeide aus Italien, Damast- und Brokatstoffe aus dem Orient, geschliffenes Venezianer Glas und erlesene orientalische Gewürze, auch Weihrauch und Myrrhe. München galt als einer der wichtigsten Transitstützpunkte zwischen Venedig und Flandern.

15 Wurmeck, Marienplatz, Übergang zur Weinstraße

Am Eck des **Neuen Rathauses** sehen wir einen Lindwurm, Sinnbild für die Pest, die München in vier Jahrhunderten 25 Mal heimgesucht hat. Die dargestellten Reliefbilder zeigen das in Panik fliehende Volk, das selbst in seinen Häusern vom Pesthauch des

Lindwurms nicht verschont blieb. Ein tapferer Hauptmann zielt mit der Kanone und erlegt das Untier. Dennoch trauten sich die Bürger nicht aus ihren Häusern. Einzig die Schäffler brachten Mut auf. Sie legten ihre bunten Zunftgewänder an und zogen mit Musik und Tanz durch die Straßen. Das lockte die Bürger hervor. Und tatsächlich war die Seuche vorüber. Zum Dank für das gute Gelingen führen die Schäffler bis zum heutigen Tag ihren Tanz alle sieben Jahre auf.

12 Mariensäule

An der Stelle der **Mariensäule** stand im 13. Jahrhundert die Münze (Prägeanstalt) der Stadt. Den Münchnern war von Herzog Rudolf dem Stammler das Münzrecht verliehen worden. Der Herzog befand sich ständig in Geldnot. Weil fortwährende Steuererhöhungen nicht ausreichten, seine Bedürfnisse zu befriedigen, wies er den Münzmeister namens Schmiechen an, abgegriffene Silbermünzen fremder Prägung einzuschmelzen und unter Zugabe von reichlich Kupfer, Blei oder Zinn in neue, aber minderwertige Münzen zu verwandeln. Die Folge waren Geldverfall, Inflation und Armut, zudem kamen die Münchner Pfennige landauf, landab in Verruf. Da entlud sich im Jahr 1295 der Zorn der betrogenen Bürger in einem Aufstand. Sie beförderten den Münzmeister kurzerhand vom Leben zum Tode und machten das Münzgebäude dem Erdboden gleich. Die Bürger mussten zur Strafe 500 Pfund Pfennige Strafe zahlen. Das war eine enorme Summe, doch sie konnten sich damit trösten, dass es minderwertige Pfennige waren.

Der Beruf des **Nachtwächters** verschwand Ende des 19. Jahrhunderts, weil Straßenbeleuchtungen die Straßen sicherer machten und weil reguläre Polizeikräfte eingeführt wurden. Auch wenn er ein Relikt aus der Vergangenheit ist, gibt der Nachtwächter dennoch den Gästen seiner Führung zum Abschluss mit auf den Weg:

> Liebe Leut, ihr seid geborgen.
> Geht nach Haus und ohne Sorgen
> schlaft die liebe, lange Nacht,
> denn ich halte treulich Wacht.

Anne Funck

Goldene und dunkle Zeiten
Von der Residenz zum Königsplatz

Krone und Thron, Väter und Söhne, Liebe und Leidenschaft, Kunst und Begehren, Erinnern und Gedenken sind Begriffspaare, die München durch die Jahrhunderte prägten. Auf dem Spaziergang vom Max-Joseph-Platz im Herzen der Altstadt über die Maxvorstadt und das Museumsviertel zum Königsplatz durchwandern wir die goldenen und dunklen Zeiten Münchens und laufen von Florenz nach Athen.

Max-Joseph-Platz

Es war der Neujahrstag 1806, als der Kurfürst Max IV. von Bayern von Napoleon die Königskrone empfing und als König Max I. Joseph in die Geschichte einging. Für Bayern bedeutete seine Amtszeit den Aufbruch in die Moderne: Er unterzeichnete eine Verfassung, die die Freiheits- und Gleichheitsrechte der Bürger garantierte, und unterzog sein Reich einer Reihe von Reformen im Zeichen der Aufklärung. Sein **Bildnis** 1 zeigt ihn als einen volksnahen Herrscher mit Zepter, die Hand freundlich erhoben, grüßt er das Volk, das ihn verehrt. Hinter ihm steht mit dem **Nationaltheater** 2 ein markantes Bauwerk, das seinen Bruch mit den traditionellen Werten

Das Bildnis des ersten Königs von Bayern entstand unter der künstlerischen Konzeption von Kronprinz Ludwig noch zu Lebzeiten von Max Joseph. Doch wie so oft in ihrer Beziehung, hatten die beiden auch hier gänzlich unterschiedliche Vorstellungen. Er wolle nicht „auf einem Cacatojo sitzend" verewigt werden, kritisierte Max Joseph die sitzende Pose. Das von ihm gewünschte Standbild kam jedoch nicht zur Ausführung. Er starb während der Planungen, Ludwig I. kehrte unmittelbar nach dem Tod seines Vaters 1825 zur Sitzpose zurück und platzierte den Thron auf einem Sarkophag.

anschaulich macht: In Bayern begann 1802/03 die Säkularisation, die Klöster wurden aufgelöst, kirchliche Besitztümer gingen in Staatseigentum über. An der Stelle des Nationaltheaters stand seit 1284 das Kloster der Franziskaner. Max Joseph ließ es 1802 abbrechen. Die Seelsorge wich dem Schauspiel, der klösterliche Schutzpatron Antonius von Padua dem Gott Apoll, der im Giebel des klassizistischen Bauwerks zum Vergnügen aller seine Lyra spielt. Diese lieblichen Klänge wurden zeitweise vom Baulärm übertönt. Vor die **Residenz**, seit 1508 der Wohnsitz der Wittelsbacher, baute Leo von Klenze im Auftrag des Thronfolgers Ludwig (reg. 1825–1848) den sogenannten **Königsbau** 3 zu Max Josephs erhobener Rechten als privaten Wohntrakt. Bei der Architektur stand ganz offensichtlich Italien Modell, zitiert wird hier der Palazzo Pitti aus Florenz. Ähnlich verhält es sich mit dem **Palais Törring-Jettenbach** 4 gegenüber, das viele Münchner noch als Hauptpost kennen: Es ist eine Kopie von Brunelleschis Florenzer Findelhaus. Diese beiden frühen Beispiele geben einen Vorgeschmack auf die Baulust des späteren Regenten. „Isar-Florenz" ist eines der Synonyme für die „nördlichste Stadt Italiens".

Emsig im Bauschaffen und Aufstellen von Bildnissen zeigte sich Ludwig I. während seiner gesamten Regierungszeit, die – mit seinem Vater als bronzenem Zeugen – ein abruptes Ende fand. 1848 protestierten die Bürger vor dem Königstrakt gegen seine Geliebte: Lola Montez, die Hochstaplerin aus Irland, trieb mit ihren spanischen Tänzen, ihren glamourösen Auftritten im Nationaltheater und ihrem so teuren wie freizügigen Lebenswandel den Monarchen erst in den Liebeswahn und dann zur Abdankung.

In einem Briefwechsel mit Christian Daniel Rauch, der den Entwurf von Leo von Klenze in Bronze ausführte, nahm auch Johann von Goethe regen Anteil an den Fortschritten des Max-Joseph-Denkmals. Ludwig I. war ein glühender Goethe-Verehrer. Da der Dichter keiner seiner Einladungen nach München folgte, schickte er im Sommer 1828 seinen Hofmaler Joseph Karl Stieler, der damals bereits eine Reihe von Schönheiten für seine Galerie porträtiert hatte, zu ihm nach Weimar. Die Bezeichnung Stielers als „Seelenmaler" bestätigte Goethe: „Der Himmel hat Ihnen glückliches Talent verliehen; nebst der treuen Darstellung der Menschen verleihen Sie ihnen auch Schönheit und Liebenswürdigkeiten, die gewiss oft mehr in Ihnen als in den Originalen zu finden sind." Nur ein Bildnis sollte dem Porträtisten Schwierigkeiten bereiten: Wider Willen, aber im Auftrag des Königs malte Stieler Lola Montez 1847 – ein Jahr, bevor Ludwig abdankte. Das Porträt Lolas findet sich heute in der Schönheitengalerie von Schloss Nymphenburg, das von Goethe in der Neuen Pinakothek.

Unterwegs zum Platz vor der Feldherrnhalle/Odeonsplatz

Noch einmal wurde es laut am Max-Joseph-Platz: Am Abend des 8. November 1923 hatte Adolf Hitler in einer flammenden Rede im Bürgerbräukeller am Rosenheimer Platz zur „nationalen Revolution" aufgerufen. Andertags formierte sich ein Zug bewaffneter Rechtsextremer. Mit dem Ziel, die Macht in München zu übernehmen, marschierten sie über die Ludwigsbrücke durch das Tal zum Marienplatz und an der Residenz vorbei zum Odeonsplatz. Auf Höhe der Feldherrnhalle hatten Polizisten der Bayerischen Landespolizei eine Blockade errichtet. Der Putsch endete mit einer Schießerei, 15 Nazis, ein Unbeteiligter und vier Polizisten verloren ihr Leben.

Die beiden maßgeblichen Anführer – Hitler, der sich mit einer Schulterverletzung auf den Max-Joseph-Platz rettete und von einem Arzt aus der Stadt gebracht wurde, und General Ludendorff wurden vor Gericht gestellt und kamen mit einem milden Urteil davon.

Nach der Machtergreifung der Nationalsozialisten im Jahr 1933 wurde der Odeonsplatz zur Kultstätte der Nazis. Ehrenwachen der SS flankierten den „Platz der Toten" von 1923, gemeint sind die Putschisten, und kontrollierten, dass jeder Passant mit dem Hitlergruß salutierte. Nicht alle Münchner machten mit. Um dem geforderten Gruß zu entkommen, bot sich der Schleichweg durch die **Viscardigasse** 5 auf der Rückseite der Feldherrnhalle an, die im Nazijargon bald als „Drückebergergasse" abgewertet wurde. Sie scheint unter einem ganz anderen Stern zu stehen als dem Reichsadler mit Hakenkreuz an der Feldherrnhalle: Als Himmelskönigin erscheint vis-à-vis an der bemalten Fassade der Residenz die bronzene Gottesmutter **Patrona Boiariae** aus dem Jahr 1615 nach einem Entwurf von Hans Krumpper. Kurfürst Maximilian (reg. 1597–1651), der München durch den Dreißigjährigen Krieg geführt hatte, begründete die Marienverehrung, die bald ganz Bayern erfasste. Mit Maria verband Maximilian tiefe Wünsche: Sie sollte nicht nur Unheil von Bayern abwenden, sondern ihm auch den lang ersehnten Nachwuchs, einen Thronfolger schenken.

Platz vor der Feldherrnhalle/Odeonsplatz

Der **Platz vor der Feldherrnhalle** 6 wird heute oft als **Odeonsplatz** bezeichnet, streng genommen liegt dieser jedoch etwas weiter nördlich, denn dort steht das Gebäude, das namensprägend war, das legendäre Konzerthaus Odeon. Wie auch die Residenz und über 60 Prozent von München wurde es im Zweiten Weltkrieg stark zerstört.

Der „Platz vor der Feldherrnhalle", wie er uns heute begegnet, ist ein Werk König Ludwig I. Damals, als Kurfürst Maximilian um eines Sohnes willen Maria mit Gebeten anrief, verlief hier die Stadtmauer, die München nach Norden hin abschloss. Seine Bitte wurde erhört, Sohn Ferdinand erhielt den Zweitnamen „Maria". 1651 folgte er Maximilian auf den Thron und erlebte das gleiche Schicksal wie sein Vater. Seine italienische Ehefrau Henriette Adelaide von Savoyen wartete jahrelang auf Kinder – 1662 endlich erblickte Max Emanuel

GOLDENE UND DUNKLE ZEITEN → **TOUR 02**

Zur Erinnerung an den leisen Widerstand der Münchner legte der Künstler Bruno Wank 1995 eine Bronzespur durch die Viscardigasse. Den Titel *Argumente* für dieses Werk wählte der Künstler in Anlehnung an die Anarchoszene der späten 1960er-Jahre, die ihre gegen die Staatsgewalt geworfenen Pflastersteine „Argumente" nannten.

Rechts die barocke Theatinerkirche, links daneben die Feldherrnhalle, ein Import der Loggia dei Lanzi aus Florenz zu Zeiten von König Ludwig I. Von seinem Wirken kündet auch der Fahnenmast zur Linken. Er wurde 1888 zur Feier des 100. Geburtstags aufgestellt. Der zweite gebührt seinem drittgeborenen Sohn, Prinzregent Luitpold, der Bayern von 1886 bis 1912 regierte.

– Emanuel heißt Geschenk Gottes – das Licht der Welt. Zum Dank wurde die **Theatinerkirche** 7 erbaut, Henriette Adelaide erhielt Schloss Nymphenburg – beide im italienisch-barockem Gewand –, ein Gang an der Stadtmauer verband Residenz und neue Hofkirche.

Rund 150 Jahre später, Max I. Joseph saß bereits auf dem Königsthron, wurden hier die Stadtmauer und umliegende Häuser abgebrochen und Kronprinz Ludwig plante die Stadterweiterung im großen Stil. Dabei wandte er sich von Frankreich ab, denn Ludwig war ein Gegner von Napoleon, und blickte nach Italien: Renaissance statt Gotik war sein Prinzip, die **Feldherrnhalle** 8 eine Kopie der Loggia dei Lanzi aus Florenz, der Triumphbogen am Ende der Ludwigstraße folgte in der Gestaltung dem dreibogigen römischen Vorbild: dem Konstantinsbogen. Dieses Architekturzitat offenbart Ludwigs Selbstverständnis als christlicher Herrscher, der während seiner Regentschaft die Klöster in München wiederbegründen wird.

Auch der Hofgarten erhielt unter Ludwig 1816 ein neues Tor. Die Hofgartenarkaden sollte Carl Rottmann mit Italien- und Griechenlandmotiven auf transportablen Putzplatten ausmalen (heute Neue Pinakothek), ein weiteres Bekenntnis von Ludwig I. zu seinen Sehnsuchtsorten und Quellen der Inspiration. Nachdem aber die ersten Malereien der Witterung nicht standhielten, wurden sie ab 1826 durch einen 16-teiligen Bilderzyklus von Peter Cornelius ersetzt, der die ruhmvollsten Ereignisse aus acht Jahrhunderten Herrschergeschichte des Hauses Wittelsbach erzählt.

Exkurs: Auf Ludwigs Architektur und Kunst baute rund 100 Jahre später Adolf Hitler seine 1933 betitelte „Hauptstadt der deutschen Kunst". Hitler, der sich als Postkartenmaler verdingt hatte und dessen Aufnahmeantrag die Kunstakademie abgelehnt hatte, ließ reichsweit alles beschlagnahmen, was nicht seinem Kunstgeschmack entsprach. 1937 eröffnete in den nördlichen Hofgartenarkaden, heute **Theatermuseum**, die Ausstellung „Entartete Kunst". Sie bildete den Gegenpol zur „Großen Deutschen Kunstausstellung" im damals sogenannten Haus der Deutschen Kunst schräg gegenüber und zeigte Werke der Moderne – abstrakte Kunst, Expressionismus, Dadaismus, Neue Sachlichkeit – in diffamierender Weise.

Unterwegs zum Museumsviertel

Wir folgen der **Brienner Straße**, dem früher sogenannten Fürstenweg, auf dem in Kurfürstenzeiten jedes Frühjahr eine endlose Kolonne an Kutschen von der Residenz die herrschaftlichen Möbel und Utensilien zum Sommersitz nach Schloss Nymphenburg in den Westen der Stadt transportierten.

Die Frühlingssonne stand auch Pate für die Belle Époque, die um 1900 hier Einzug hielt. Unter der Regierung von Prinzregent Luitpold (reg. 1886–1912) erlebte München eine kulturelle Blüte – Künstler, Literaten und Freigeister aus aller Welt zog es in die Metropole. Das hinterließ im Stadtbild Spuren. Das **Café Luitpold** 9, nomen est omen, in der Brienner Straße 11 wurde zum Szenetreff,

Das ehemalige Palastcafé zeigt sich heute im modernen Kleid. Nach wie vor im Kuchensortiment ist die sogenannte Prinzregententorte, die anlässlich des 65. Geburtstags von Prinzregent Luitpold erfunden wurde. Geschichtet war sie aus acht dünnen Biskuitböden, stellvertretend für die damaligen Regierungsbezirke Bayerns inklusive der Pfalz. Namensverwandt und das Wahrzeichen des Hauses ist die Luitpoldtorte, kreiert von Konditormeister Paul Buchner in den 1960ern, eine klassische Herrentorte mit Marzipan und Weincreme.

prunkvoll ausgestattete 20 Säle mit Kuppelhalle und Spiegelsaal bis zum Billardzimmer und Platz für 2.500 Besucher erfreuten die Münchner Hautevolee und Schwabinger Bohème. Erich Mühsam, der wie Frank Wedekind und Oskar Maria Graf zu den Stammgästen zählte, notiert 1912 ins Gästebuch: „Das Leben ist eine Begleiterscheinung zum Café." Nach dem Bombardement 1944 wurde das Haus nach und nach neu aufgebaut, es knüpft mit hauseigenen Köstlichkeiten, einem vielbeachteten kulturellen Programm und Münchens kleinstem **Museum** an die goldenen Zeiten an.

Die Kontraste liegen dicht nebeneinander, wie der **Platz der Opfer der Nationalsozialisten** 10 zeigt, der bereits 1946 eingerichtet wurde. Seit 1985 brennt auf einer Granitsäule Tag und Nacht eine Flamme hinter Bronzegittern als Sinnbild der Menschlichkeit und

Hoffnung, die auch in düstersten Zeiten niemals schwinden. Eine 18,5 Meter breite Bronzetafel gedenkt allen Verfolgten des NS-Regimes, das die angrenzende **Maxvorstadt** in ein Parteiviertel verwandelte. Schräg gegenüber befand sich bis zu seinem Abriss 1950 das Wittelsbacher Palais, heute erinnert die Bayerische Landesbank mit einer **Gedenkausstellung** 11 in der Eingangshalle eindrücklich an die Opfer der Gestapo, die hier ihre Schreckensherrschaft ausübte.

Sehr zum Missfallen seines Vaters Ludwig I. erbaute König Maximilian II. Joseph (reg. 1848 – 1864) im gotischen Stil das **Wittelsbacher Palais**, in dem Ludwig I. nach seiner Abdankung den Lebensabend verbrachte. Dunkle Zeiten brachen an, als hier unter dem NS-Regime Beamte der Geheimen Staatspolizei die Gefangenen quälten, darunter die Widerstandskämpfer Pater Rupert Mayer, Georg Elser und die Geschwister Hans und Sophie Scholl, nachdem sie in der Aula der Ludwig-Maximilians-Universität Flugblätter im Namen der Weißen Rose verteilt hatten.

Max I. Joseph ist der Namensgeber für die Stadterweiterung „Projekt Maxvorstadt", die 1807 im Rahmen eines Wettbewerbs gestartet wurde. Der Brienner Straße als einstigem Fürstenweg nach Nymphenburg kam eine besondere Bedeutung zu, der **Karolinenplatz** 12 markiert auf dieser Strecke einen Höhepunkt. In der Kreisform an Napoleons Pariser Place de l'Étoile angelehnt, bot er eine elegante Lösung, um fünf Straßenzüge aufzunehmen.

Karoline war die zweite Ehefrau von Max I. Joseph, die erste evangelische Herrscherin im traditionell katholischen Wittelsbacher Haus. Zu Napoleon hatte sie wie ihr Stiefsohn Ludwig ein gespaltenes Verhältnis. Die Königskrone für Bayern forderte ihren Tribut: 1812 zog das bayerische Heer an der Seite von Napoleon in den Russlandfeldzug – von den 36.000 Soldaten kehrte nur ein Bruchteil zurück, Karoline setzte sich mit Unterstützung ihrer Schwester, der Zarin von Russland, für die Gefangenen ein. 1813 kehrte Bayern Frankreich den Rücken. Bis 1815 folgten die napoleonischen Befreiungskriege, Straßennamen wie die Brienner, Barer oder Arcisstraße künden von den französischen Schlachtfeldern, die die Bayern ruhmreich verlassen haben. Aus den erbeuteten Waffen wurden Erzplatten gegossen, die den 29 Meter hohen Obelisken ummanteln. Im Gedenken an die „dreyssig tausend Bayern die im russischen Kriege den Tod fanden" wurde er 1833 aufgestellt.

Entlang der Achse zwischen Residenz und Königsplatz organisierten die Nazifunktionäre ihr Machtzentrum. Dafür besetzten sie 68 Gebäude, so auch die noblen Villen um den Karolinenplatz. Am **Karolinenplatz 5** 13 pflegte das Verlegerehepaar Hugo und Elsa Bruckmann seinen „literarischen Salon". Bildende Künstler, Literaten, Musiker und Gelehrte wie Hugo von Hofmannsthal, Stefan George und Rainer Maria Rilke, Richard Riemerschmid und Thomas Mann waren willkommene Gäste, bevor Adolf Hitler, Rudolf Heß und Alfred Rosenberg sie herausdrängten und das Viertel braun färbten. Nach Kriegsende starteten in der Maxvorstadt die Amerikaner ihre Demokratisierungspolitik. So steht am Karolinenplatz seit 1957 das **Amerikahaus** 14, das ein reichhaltiges Veranstaltungsprogramm zur Förderung der transatlantischen Beziehungen ausrichtet.

Museumsviertel

Zuletzt mit transatlantischen Beziehungen wartete rund 100 Jahre vorher auch die Femme fatale auf, die in dem früheren Anwesen der heutigen **Barer Straße 19** (in früherer Zählung Nummer 7) 15 König Ludwig I. zum Stelldichein empfing: Lola Montez, Mitte zwanzig, zog in zwei Jahren dem 35 Jahre älteren Monarchen die Spendierhosen aus und an. Raus sprangen üppige Jahresgehälter, ein Gräfinnendiplom und das Palais Landsfeld neben dem Atelier von Joseph Karl Stieler in der Barer Straße 17. Die Liebesaffäre gipfelte in einer Staatskrise: Die aufgebrachten Münchner protestierten 1848 vor Lolas Palais (nach einem Tumult am Odeonsplatz floh sie mit gezückter Pistole in die Theatinerkirche) und zwangen Ludwig, sie der Stadt zu verweisen. Lola sollte den abgedankten König bald vergessen, der Broadway in Amerika rief – und damit eine neue Bühne für Skandale.

Auch das angrenzende Museumsquartier trägt die Handschrift von König Ludwig I. Die **Alte Pinakothek** 16 beherbergt Kunst

GOLDENE UND DUNKLE ZEITEN → **TOUR 02**

Beide Gebäude, die Alte wie auch die Neue Pinakothek, waren nach dem Krieg in der Kategorie „nicht mehr zu retten" eingestuft. Während die Neue Pinakothek vollends abgerissen wurde – Alexander von Branca baute sie erst ab 1975 postmodern mit Loggien und Innenhöfen in grünem „Donausandsteinhemd" neu auf –, statuierte Hans Döllgast in den 1950ern bei der Alten Pinakothek ein Exempel des Münchner Wiederaufbaus. Fehlende Fassadenteile ersetzte er behutsam durch unverputztes Mauerwerk und machte sie so als „Verwundungen" kenntlich.

vom 14. bis zum ausgehenden 18. Jahrhundert, Künstler wie Dürer und Cranach, Breughel, Rubens, Tizian und Canaletto, Murillo und El Greco spannen den Bogen von altdeutscher Malerei hin zu flämischen, italienischen, französischen und spanischen Meisterwerken. Leo von Klenzes klassizistischer Bau, der auch für Museen wie die Ermitage in Sankt Petersburg prägend war, wurde im Zweiten Weltkrieg erheblich zerstört. Kunstwerke wie Rubens Skizzen zum *Medici-Zyklus* oder Werke Peruginos waren zu diesem Zeitpunkt in Schloss Neuschwanstein ausgelagert, das als sicherer Sammelpunkt in Alpennähe nicht nur Münchner Museen und Schlössern diente. Auch rollten hierher etliche Waggons mit Raubkunst aus jüdischem Besitz und dem besetzten Frankreich oder Belgien heran, darunter der kostbare *Genter Altar* von Dirk Bouts.

Exkurs: Ludwig bewunderte Raffael: Sein Geburtstag am 7. April gab den Tag des Spatenstichs der Pinakothek im Jahr 1826 vor. 20 Jahre lang hatte er sich um den Erwerb von Raffaels Gemälde *Die Madonna Tempi* erfolgreich bemüht. Auch weitere Gemälde der Sammlung schreiben europäische Geschichte, etwa Albrecht Altdorfers *Alexanderschlacht*. Das Bild ließ Napoleon in sein Schloss Saint-Cloud im Südwesten von Paris bringen und schmückte damit sein Badezimmer.

Den Bogen von der Gegenwart zurück ins Alte Ägypten verkörpert die Aluminiumskulptur *Present Continous* von Henk Visch: Sie beugt sich über 5.000 Jahre Geschichte und sendet einen roten Denkstrahl durch den Boden in eine der prächtig ausgestatteten „Grabkammern" des darunterliegenden Museums Ägyptischer Kunst.

Nach Neuschwanstein ausgelagert waren ebenso Schätze der **Neuen Pinakothek** 17 unmittelbar gegenüber, darunter Historienmalereien etwa von Anselm Feuerbach und Hans von Marées sowie Meisterwerke der französischen Impressionisten. Mit dem Sammlungsschwerpunkt vom späten 18. Jahrhundert bis zu Werken wie Van Goghs *Sonnenblumen*, Gauguins Südseebilder, Manets *Frühstück im Atelier* oder Monets *Seerosen* vollzieht sie den Aufbruch in die Kunst des 20. Jahrhunderts, die in der **Pinakothek der Moderne** in die Gegenwart geführt wird.

Unterwegs zum Königsplatz

Die Arcisstraße führt uns an der Technischen Universität vorbei zu einem modernen Riegel des Architekten Peter Böhm mit Doppelnutzung: der **Hochschule für Fernsehen und Film (HFF)** 18 in der gläsernen oberen Etage und dem **Staatlichen Museum Ägyptischer Kunst** im Untergeschoss, dessen heutige Konzeption auf Ludwig I. zurückgeht.

An die wenig glorreiche Zeit Münchens mahnen die **Zwillingsbauten** östlich vom Königsplatz. 1934 wurden hier denkmalgeschützte Palais abgebrochen, mit dabei auch das Palais Pringsheim der Schwiegereltern von Thomas Mann, um Platz zu schaffen für zwei NS-Bauten von Paul Ludwig Troost. Das nördliche Gebäude war der sogenannte „Führerbau" 19, das Repräsentations- und Dienstgebäude von Adolf Hitler und seinem Stellvertreter. Im Arbeitszimmer des „Führerbaus" empfing Adolf Hitler am 29. September 1938 den britischen Premierminister Neville Chamberlain, den französischen Premierminister Édouard Daladier und den italienischen „Duce" Benito Mussolini. Gemeinsam unterzeichneten

Der Blick vom Königsplatz Richtung Karolinenplatz mit dem Obelisken. Hinter dem nördlichen Ehrentempel zu sehen ist das „Braune Haus" als Parteizentrale, das nach dem Krieg vollständig abgebrochen wurde. Der Königsplatz mit seinen antikisierenden Bauten bot Adolf Hitler den passenden Nährboden für Macht und Propaganda.

sie das „Münchner Abkommen" und gewährten damit Deutschland die Eingliederung des bis dato tschechischen Sudetenlands.

Exkurs: Adolf Hitler, der selbst als (Raub)Kunstsammler auftrat, umgab sich auch in seinem „Führerbau" mit Kunst. Als die Regierungschefs von England, Frankreich und Italien in Hitlers Büro das „Münchner Abkommen" unterzeichneten, hingen in der „Großen Halle" neun Gobelins aus dem 16. Jahrhundert aus der Residenz mit den Taten des Herkules, die Herzog Albrecht V. (reg. 1550 – 1579) in Antwerpen herstellen ließ. Hitlers Arbeitszimmer schmückten ein Bismarck-Porträt von Franz von Lenbach sowie Werke von Carl Spitzweg, Adolph von Menzel und Franz von Defregger. In den Luftschutzkellern, die auch Badezimmer, Wein- und Gemüsekeller bereitstellten, wurden Kunstwerke gebunkert. Nach dem Krieg wurde hinter Panzerfäusten ein Gemäldelager mit Alten Meistern von Rembrandt bis Canaletto entdeckt und zu Teilen geplündert.

Ein unterirdisches Tunnelsystem mit Luftschutzbunkern verbindet den „Führerbau" mit dem „Verwaltungsbau" **20** als architektonisches Gegenstück südlich der Brienner Straße. Dieses Gebäude diente der Administration, hier wurde die Mitgliederkartei der NSDAP aufbewahrt.

Zwischen „Führerbau" und „Verwaltungsbau", die Brienner Straße flankierend, wurden 1935 zwei „Ehrentempel" errichtet, die das Ensemble zu einem Ort kultischer Verehrung formten. Treppen führten hinauf zu den in Zinksärgen aufgebahrten Putschisten, die permanent bewacht und in der Nacht beleuchtet wurden. Während der amerikanischen Besatzung wurden die Ehrentempel gesprengt und sowohl im „Führerbau" als auch im „Verwaltungsbau" sogenannte Central Art Collecting Points eingerichtet. 250.000 Kunstwerke, viele davon in der NS-Zeit geraubt und enteignet, wurden aus den deutschen Gebieten in die Gebäude gebracht und, wenn möglich, an die rechtmäßigen Besitzer zurückerstattet.

Die kulturelle Nutzung der Zwillingsbauten setzt sich bis heute fort: Im „Führerbau" kam bis zu seinem Umzug an den Karolinenplatz 1957 das Amerikahaus unter, seither füllt die **Hochschule für Musik und Theater** das Gebäude. Der „Verwaltungsbau" beherbergt das **Haus der Kulturinstitute**, darunter das Museum für Abgüsse Klassischer Bildwerke, die Staatliche Graphische Sammlung und das Zentralinstitut für Kunstgeschichte.

Das **Museum für Abgüsse klassischer Bildwerke** hatte seinen ursprünglichen Standort in den Räumlichkeiten der Hofgartenarkaden, in denen auch die *„Entartete Kunst"*-Ausstellung stattfand. Nach starken Kriegs-

verlusten wurde sie Ende der 1950er-Jahre wiederaufgebaut und bezog u. a. die beiden Lichthöfe des ehemaligen „Verwaltungsbaus". Heute zählt die Sammlung zu den vier größten Abgussmuseen Deutschlands und vereint Kopien antiker Skulpturen und Plastiken von der Archaik bis in römische Zeit, deren Originale in den wichtigsten Museen Europas zu finden sind. Daneben aber auch Bauwerke wie die farbig gefasste Rekonstruktion des Athener Parthenontempels mit der monumentalen Figur der Athena, die Leo von Klenze zu seiner kolossalen Bronzestatue der Bavaria an der Theresienwiese inspirierte, oder eine Nachbildung des römischen Konstantinbogens, der dem Münchner Siegestor Pate stand.

Hinter dem ehemaligen „Führerbau" eröffnete auf den Tag genau 70 Jahre nach der Befreiung Münchens am 1. Mai 2015 das **NS-Dokumentationszentrum** 21 als zentraler Ort der Erinnerung an die Verbrechen der NS-Diktatur. Es steht auf dem Gelände des ehemaligen „Braunen Hauses", der Parteizentrale der NSDAP, die Fliegerangriffen zum Opfer fiel und 1947 abgerissen wurde. Die Dauerausstellung untersucht die Ursachen und Strategien von Rassismus und Antisemitismus, den Aufstieg von der NSDAP zum

Der helle Kubus des NS-Dokumentationszentrums aus weißem Sichtbeton mit den großen geschossübergreifenden Fensterflächen bildet einen starken Kontrast zu den monumentalen Architekturen der Umgebung, die mit Sichtbezügen klug in die Ausstellung integriert sind.

Terrorregime und seine Folgen. Tipp: Die frei zugängliche Bibliothek im Untergeschoss präsentiert die Bücher von geächteten Autorinnen und Autoren, die am angrenzenden Königsplatz am 10. Mai 1933 verbrannt wurden. In seinem Mahnmal *Die Schwarze Liste* unmittelbar vor der **Antikensammlung** 24 zitiert der Künstler Arnold Dreyblatt 359 dieser Buchtitel, die er in Anlehnung an eine Rauchsäule spiralförmig anordnete.

Königsplatz

Eine der Sichtachsen des NS-Dokumentationszentrums führt auf den **Königsplatz** 22. Für seine Aufmärsche ließ Adolf Hitler dort rund 20.000 Granitplatten verlegen, die bei Regen überschwemmt waren und dem Platz den Beinamen „Plattensee" eintrugen. Mit den Zwillingsbauten nahm er ganz bewusst Bezug auf die Anlage und die Architektur von König Ludwig I.

Seit Ende der 1980er-Jahre wächst auf dem Königsplatz wieder Gras – wie zu Zeiten von König Ludwig I., der mit diesem Ensemble seinen Sehnsuchtsort Griechenland nach München holte und als Pendant zu seinen florentinisch-römischen Zitaten in der Innenstadt sich hier ein „Isar-Athen" baute. Leo von Klenze berief sich bei der Ausführung des gewünschten „städtischen Platzes" auf die Pläne von Karl von Fischer, der bei seiner Gestaltung die Akropolis von Athen vor Augen hatte: mit tempelartigen Bauten im Stil der griechischen Klassik und einem Stadttor, das mit seinen mächtigen Flankentürmen ägyptische Architektur zitiert.

Im Giebel des Stadttores, der sogenannten **Propyläen** 25, thront Otto, der zweitgeborene Sohn Ludwig I., im altgriechischen

Mit seinen Grünflächen, hochkarätigen Museen und Open-Air-Veranstaltungen ist der Königsplatz ein Ort der Freude, des Genusses und der Muße. Mediterranes Lebensgefühl und Erfrischung bieten die lohnenswerten Museumscafés in der Glyptothek (rechts) und Antikensammlung (links), die man zum symbolischen Eintrittspreis von 1 Euro aufsuchen kann.

Gewand. Gewissermaßen ist er der Schirmherr der gesamten Platzanlage, denn sein Leben scheint den Platz zu umspannen: 1815, im Jahr seiner Geburt, erhielt Leo von Klenze den Auftrag für den Museumsbau der Glyptothek, welche ab 1830 Ludwigs Sammlung antiker Skulpturen aus der Residenz aufnahm und an fünf Tagen die Woche der Öffentlichkeit bei freiem Eintritt zugänglich war; 1832 wurde Otto – noch minderjährig – zum ersten König von Griechenland gewählt und brach nach Athen auf, wo er die archäologischen Grabungen auf der Akropolis begleitete und Leo von Klenze als Gutachter einberief; das Gebäude gegenüber der **Glyptothek** 23, die heutigen **Staatlichen Antikensammlungen** 24, wurden als Kgl. Kunstausstellungsgebäude – diesmal von Georg Friedrich Ziebland – ab 1838 errichtet und 1848, im Jahr der Abdankung Ludwigs, vollendet.

Auch nach seiner Zeit als Regent zeigte sich Ludwig spendabel: Begeistert von Klenzes Gemälde, der damit das fertige Bauprojekt vorstellte, finanzierte er die **Propyläen** 25 als eine Triumpharchitektur und Sinnbild der politischen Verbindung von Bayern und Griechenland aus seiner Privatschatulle. Doch kaum war das Bauwerk mitsamt Bildprogramm der griechischen Freiheitskämpfer 1862 vollendet und Sohn Otto quasi als Schlussstein gesetzt, stürzte dieser vom griechischen Thron.

GOLDENE UND DUNKLE ZEITEN → **TOUR 02**

Die enge Verbundenheit Ludwigs mit Griechenland klingt noch heute nach: 1825 tauschte er den Buchstaben i gegen ein y im Wort Bayern, und sein Königsplatz überdauerte auch die Zeiten, als es hier laut wurde – etwa die Nazis aufmarschierten und Fliegerbomben fielen. Nach dem Wiederaufbau kehrte seine (rechtzeitig evakuierte) Sammlung der Antiken in die beiden Museen zurück. Mit dabei sind die „zerbrochenen, schmutzigen Puppen", über die sein Vater Max I. Joseph früher schon den Kopf schüttelte und sich fragte, ob Ludwig aus „der Rasse von Bierbäuchen" – die Bayern – „Griechen und Römer" machen wolle. Wie dem auch sei, Gott Apoll spielt im Innern der Glyptothek zum Vergnügen aller seine Lyra.

Die Sammlung der **Glyptothek** bezeugt die ungeheure Begeisterung Ludwigs I. für die Schätze der griechischen Antike von der Archaik bis in die römische Kaiserzeit. Er sandte seine vertrauten Kunstagenten nach Italien und Griechenland, um Kunstwerke aufzukaufen oder zu ersteigern, teils unter spektakulären Umständen wie die *Ägineten* aus dem Giebelfries des neuentdeckten *Aphaia-Tempels* von der Insel Ägina oder den *Barberinischen Faun*, der in Rom mit einem Ausfuhrverbot belegt war und nur durch einen Coup von Ludwigs Schwester nach zehn Jahren den Triumphzug über die Alpen nach München antrat.

Erlesenen Schmuck, Vasen mit Götter- und Heldengeschichten, darunter die weltberühmte *Exekias-Schale*, Kleinfiguren und weitere Objekte aus Bronze, Metall und Glas bewahrt die **Antikensammlung** vis-à-vis.

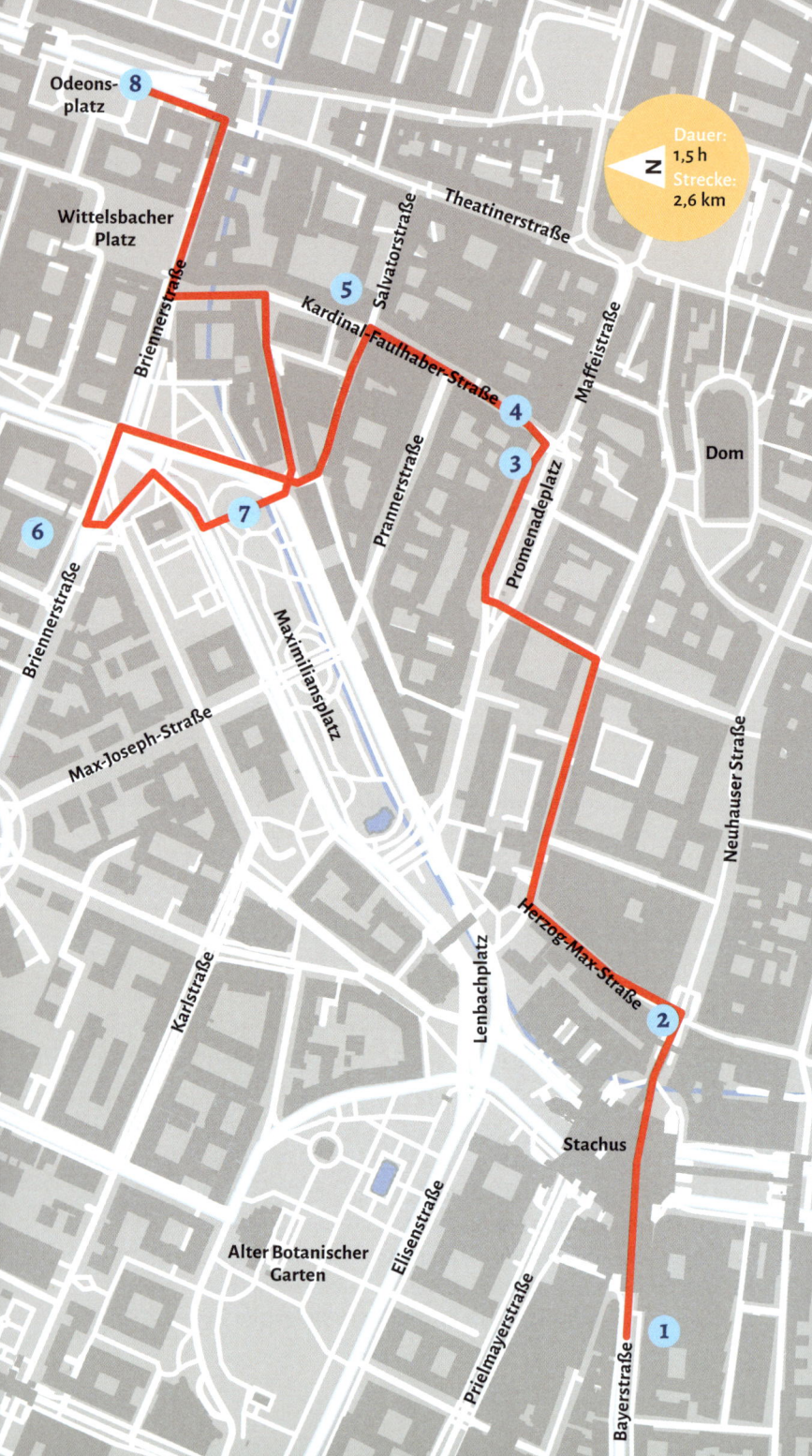

Rita Steininger

War einmal ein Revoluzzer ...
Die Revolution von 1918/19 und ihre Schriftsteller

Als sich im November 1918 in München der Umsturz ereignete und im April 1919 die erste Räterepublik ausgerufen wurde, waren an diesen Vorgängen viele bedeutende Schriftsteller beteiligt. Erich Mühsam, Ernst Toller und Oskar Maria Graf haben ihre aktive Rolle später in einigen ihrer Werke beschrieben. Andere Autoren schilderten die Ereignisse aus der Beobachterperspektive.

1 Bayerstraße 3–5. Der Rundgang beginnt im Erdgeschoss des **Mathäser Filmpalasts** bei der Stele für den ersten bayerischen Ministerpräsidenten Kurt Eisner – auch er ein Schriftsteller.

Als am 31. Januar 1918 unter seiner Führung eine Friedenskundgebung stattfand und rund 8.000 Munitionsarbeiter in den Streik traten, war Eisner seinem Ziel, mit einer Revolution den Weltkrieg zu beenden, schon greifbar nahe. Doch er wurde noch am selben Tag verhaftet und verbrachte die Zeit bis Mitte Oktober im Gefängnis.

Erst am 7. November war es so weit. Nach einer Friedenskundgebung auf der Theresienwiese marschierten zahlreiche Demons-

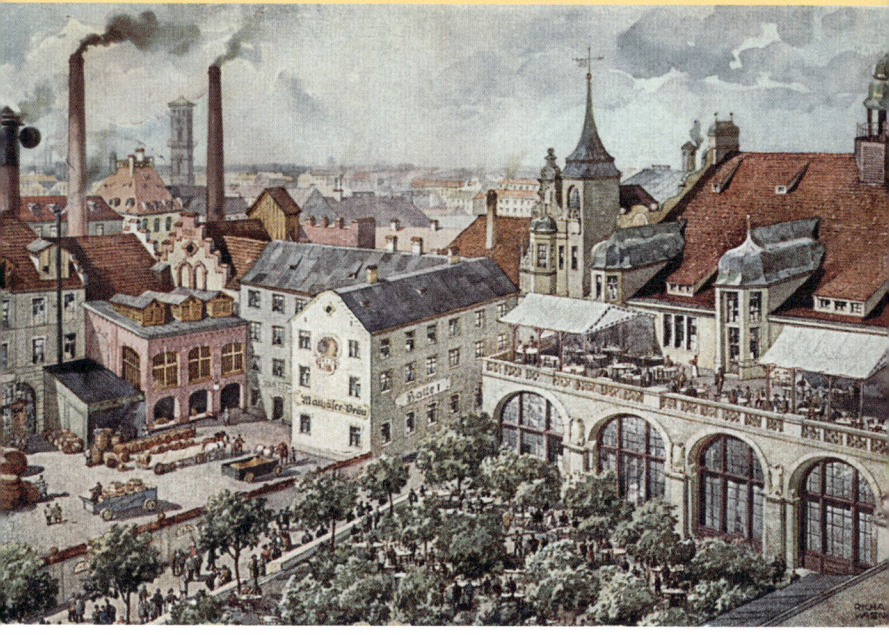

Der Mathäserbräu war eine bedeutende Station auf dem Weg von der Monarchie zum Freistaat Bayern.

tranten zu den Kasernen und forderten die Soldaten auf, sich ihnen anzuschließen. Im Mathäserbräu, einer großen Bierhalle, die damals an der Stelle des heutigen Filmpalasts stand, konstituierte sich noch am Abend ein Arbeiter- und Soldatenrat. Danach marschierte der frisch gewählte Vorsitzende Kurt Eisner zum Landtag und rief den Freistaat Bayern aus. Am nächsten Morgen war auf Plakaten sein Aufruf an die Bevölkerung zu lesen:

„Bayern ist fortan ein Freistaat. [...] Helft alle mit, dass sich die unvermeidliche Umwandlung rasch, leicht und friedlich vollzieht. In dieser Zeit des sinnlos wilden Mordens verabscheuen wir alles Blutvergießen. Jedes Menschenleben soll heilig sein!"

Das Regieren wurde Eisner von Anfang an nicht leicht gemacht, sah er sich doch sowohl von radikalen Linken als auch von Konservativen und Rechten unter Druck gesetzt. Die massive Pressehetze gegen ihn tat ein Übriges. Als am 12. Januar die Landtagswahlen stattfanden – erstmals mit Beteiligung der Frauen –, erhielt Eisners Partei, die USPD, nur 2,5 Prozent der Stimmen.

Seine Abdankung sollte Kurt Eisner nicht mehr erleben. Am 21. Februar, dem Tag der Eröffnung des neuen Landtags, fiel er auf dem Weg dorthin dem Attentat des 22-jährigen Anton Graf Arco auf Valley zum Opfer.

2 **Ecke Neuhauser Straße/Herzog-Max-Straße.** An dieser Stelle zunächst ein kurzer Ausblick auf die weiteren Ereignisse im Frühjahr des Jahres 1919:

Am 7. April wurde die Räterepublik Baiern ausgerufen (anstelle von „Bayern" war man zur alten, bis 1825 bevorzugten Schreibweise „Baiern" zurückgekehrt). Sie endete am 13. April mit einem Putschversuch der Republikanischen Schutzwehr. Noch am selben Tag folgte die zweite Räterepublik unter Führung der Kommunisten.

Auch diese Regierung konnte sich nicht lange halten. Schon gegen Ende April rückten Reichswehrverbände und Freikorps aus allen Richtungen nach München vor, um die Räterepublik niederzuschlagen. In der Stadt brach der Bürgerkrieg aus. Besonders heftig tobten die Kämpfe in den Arbeitervierteln und in der Innenstadt. Dabei geriet auch das „Brunnenbuberl" unter Beschuss, eine bei der Münchner Bevölkerung beliebte Brunnenplastik, die damals in der Stachus-Grünanlage stand.

Doch weit schlimmer, es wurden auch unbeteiligte Zivilisten getötet, selbst Frauen und Kinder. Eine erschütternde Szene schildert Oskar Maria Graf in seinem autobiografischen Roman „Wir sind Gefangene":

Bei den Kämpfen im Mai 1919 wurde das "Brunnenbuberl" des Bildhauers Mathias Gasteiger von zwei Kugeln getroffen.

Eine alte Frau humpelte über die Straße. Vorne an der Ecke legte ein Regierungssoldat an. Es krachte, die Frau fiel und blieb nach einigen Zuckungen liegen. „Ja – ja! Um Gottes willen! Um Gottes willen!", schrie ein Mädchen händeringend. „Nicht schießen! Nicht schießen!", brüllten wir alle. Ein Knäblein hatte sich unbemerkt aus uns gewunden, lief mit flatterndem rotem Taschentuch auf die Leiche zu. Es knallte schon wieder. Gellend schrie der Bub, machte einige Purzelbäume und lag still.[2]

3 **Promenadeplatz 2–6.** Im **Palais Montgelas**, das heute zum Hotel Bayerischer Hof gehört, hatte Kurt Eisner als Ministerpräsident und Außenminister seinen Dienstsitz. Wie sahen ihn die Menschen, die sich an seiner Seite aktiv am Revolutionsgeschehen beteiligten?

Den jungen Schriftsteller Ernst Toller dürfte vor allem der Gegensatz zwischen Eisners schmächtiger Erscheinung und seiner ungeheuren Durchsetzungskraft beeindruckt haben, wie diese Beschreibung verrät:

Eisner, zeit seines Lebens arm, bedürfnislos, lauter, war klein, von schmalem Wuchs, graublondes Haar fiel ihm wirr in den Nacken, ein wirrer Bart auf die Brust, die kurzsichtigen Augen sahen fremd über den tief unter der Nasenwurzel lose sitzenden Kneifer, die kleinen gepflegten Hände, von fraulicher Zartheit, erwiderten weder den Druck von Freunden noch von Feinden, diese Geste zeigte seine Scheu vor menschlicher Beziehung.[3]

Weniger staunende Bewunderung zollte der Dichter und Anarchist Erich Mühsam dem Ministerpräsidenten. Er hatte bereits 1907 ein berühmtes Spottgedicht verfasst, mit dem er die SPD (Eisners Partei) genüsslich aufs Korn nahm:

War einmal ein Revoluzzer, / im Zivilstand Lampenputzer; / ging im Revoluzzerschritt / mit den Revoluzzern mit. / Und er schrie: „Ich revoluzze!" / Und die Revoluzzermütze / schob er auf das linke Ohr, / kam sich höchst gefährlich vor.[4]

Mühsam hatte sich wie Toller am Januarstreik 1918 beteiligt und war danach für sechs Monate nach Traunstein verbannt worden. Mit Eisners Politik war er deswegen noch lange nicht einverstanden – und das Misstrauen zwischen ihm und dem Ministerpräsidenten beruhte auf Gegenseitigkeit.

REVOLUTION VON 1918/19 → **TOUR 03**

Das Palais Montgelas war seit dem frühen 19. Jahrhundert der Sitz des bayerischen Außenministeriums.

Als Anfang 1919 die Landtagswahl bevorstand, befürchtete Eisner Störmanöver von links und ließ deshalb am 10. Januar neben führenden Persönlichkeiten der KPD auch Erich Mühsam „vorbeugend" verhaften. Daraufhin versammelte sich eine protestierende Menge vor dem Palais Montgelas. Der junge Kommunist Rudolf Egelhofer kletterte sogar die Fassade bis zu Eisners Arbeitszimmer hoch, nötigte diesen, ans Fenster zu treten und bewirkte schließlich die Freilassung der Gefangenen.

Ein weiterer Schriftsteller soll hier mit seiner Sicht auf Eisners Persönlichkeit zu Wort kommen: Victor Klemperer, der vor und nach seinem Einsatz als Kriegsfreiwilliger Privatdozent in München war und ab November 1918 ein Revolutionstagebuch verfasste. Auf diesen Aufzeichnungen basierten die Berichte, die er unter dem Pseudonym „A. B." (Antibavaricus) als Korrespondent für die Leipziger Neuesten Nachrichten verfasste. Wie das Kürzel erahnen lässt, hegte er für die bayerischen Revolutionäre kaum Sympathien.

In einer Rückschau auf die Revolutionsereignisse beschrieb Klemperer 1942, wie er Eisner erstmals bei einer Wahlversammlung erlebte und welchen Eindruck dieser auf ihn machte:

Nichts Geniales, nichts Ehrwürdiges, nichts Heroisches ist an der ganzen Gestalt zu entdecken, ein mittelmäßiger verbrauchter Mensch, dem ich mindestens 65 Jahre gebe, obschon er noch ganz im Anfang der Fünfzig steht. Sehr jüdisch sieht er nicht aus, aber ger-

manisch wie sein Gegner Levien oder bajuwarisch wie sein Verehrer Unterleitner erst recht nicht. [...] Er spricht leise und scheint doch überall verständlich, weil in dem vorher so lauten Saal alles schweigt, ja buchstäblich den Atem anhält.⁵

4 Bodendenkmal in der Kardinal-Faulhaber-Straße. Am 21. Februar 1919 machte sich Ministerpräsident Kurt Eisner vom Palais Montgelas auf den Weg zum Landtag in der Prannerstraße, um nach seiner herben Wahlniederlage den Rücktritt seiner Regierung bekanntzugeben. Auf offener Straße krachten plötzlich zwei Schüsse: Eisner stürzte zu Boden und war auf der Stelle tot.

Gleich darauf wurde der Attentäter ebenfalls niedergeschossen; er überlebte jedoch. Später sollte sich herausstellen, dass der junge Anton Graf Arco auf Valley den Mord aus rechtsextremistischen und antisemitischen Motiven begangen hatte.

Kaum war die Schreckensnachricht im Landtag angekommen, stürzte Alois Lindner, ein Mitglied des Revolutionären Arbeiterrats, in den Sitzungssaal. Er feuerte zwei Schüsse auf Innenminister Erhard Auer ab, da er diesem die Schuld am Attentat gab. Auer überlebte schwer verletzt, doch bei einer weiteren Schießerei wurden der Abgeordnete Heinrich Osel und Major Paul von Jahreis getötet.

Oskar Maria Graf sah an diesem Tag entsetzte Münchner zu den beiden Tatorten eilen:

Alle Menschen liefen mit verstörten Gesichtern stadteinwärts. Je weiter ich kam, desto aufgeregter wurde die dumpfe Hast. Vor dem Landtag ballte sich ein schwarzer Menschenknäuel, Soldaten und bewaffnete Zivilisten waren darunter. Ich stürmte weiter in die Promenadestraße, an den Mordplatz. Da hatten sich Hunderte schweigend um die mit Sägespäne bedeckten Blutspuren Eisners zu einem Kreis gestaut. Fast niemand sagte ein lautes Wort. Frauen weinten leis und auch Männer.⁶

Nun schlug die Stimmung in der Stadt radikal um – von friedlicher Revolution war nichts mehr zu spüren:

Das war anders, ganz anders als am 7. November. Wenn jetzt einer aufgestanden wäre und hätte gerufen: „Schlachtet die Bürger! Zündet die Stadt an! Vernichtet alles!", es würde geschehen sein.⁷

 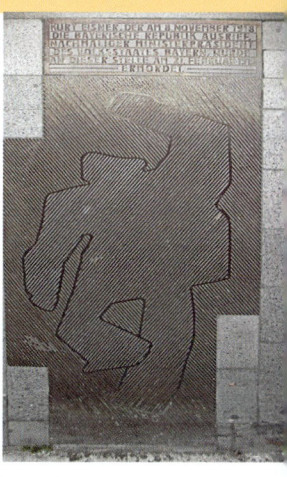

Auf dem Weg zum Landtag in der Prannerstraße (linkes Bild) wurde Kurt Eisner das Opfer eines Attentats. An der Mordstelle befindet sich heute ein Bodendenkmal.

5 Salvatorstraße 2, Kultusministerium. Das Amt des Kultusministers hatte während der Regierungszeit von Kurt Eisner der Sozialdemokrat Johannes Hoffmann innegehabt. Diesen Posten behielt er bei, als am 17. März der Landtag zusammentrat und ihn nun auch zum neuen Ministerpräsidenten wählte.

Nur wenige Wochen später, als die erste Räterepublik ausgerufen wurde, trat Gustav Landauer an Hoffmanns Stelle und übernahm den Posten des Volksbeauftragten für Volksaufklärung, Unterricht, Wissenschaft und Künste. Landauer hatte vor, sämtliche Bildungseinrichtungen, auch die Hochschulen, komplett umzugestalten. Die Münchner Universität wurde umgehend geschlossen, um den Aufbau einer neuen sozialistischen Hochschule in die Wege zu leiten.

Victor Klemperer flößten solche Pläne Unbehagen ein, denn er sah seine Position als Privatdozent in Gefahr. Am 18. April, als die erste Räterepublik zu seiner Erleichterung bereits zu Ende war, schrieb Klemperer in sein Revolutionstagebuch:

Gestern nachmittag lernte ich Gustav Landauer kennen, der einige Tage das Schicksal und speziell das geistige Schicksal Münchens – er selber hoffte: Bayerns – bedeutet hat. […] „Ich hätte bestimmt in den drei Ferienwochen die Universität reformiert", sagt Landauer. Ob die Universität bei der Reform wohl gewonnen hätte? Es ist sehr fraglich. Er wollte die zum Lehren unfähigen Gelehrten abschieben, er wollte die Dozenten finanziell sichern, er wollte den Unterricht lebendiger gestalten – aber er wollte für Nationalökonomie und Geschichte in den „Übergangszeiten" nur und ausschließlich Sozialisten heranziehen ... Nein, ich kann nicht bedauern, dass er als Alleinherrscher seine Rolle so rasch ausgespielt hat.[8]

Von Kurt Eisner nach München gerufen, beteiligte sich Gustav Landauer seit November 1918 am Revolutionsgeschehen.

6 Brienner Straße 18. Enormen Auftrieb bekam die Rätebewegung in Bayern, als am 21. März in Ungarn eine sozialistische Räterepublik ausgerufen wurde. Am 4. April gab es einen Generalstreik der Arbeiter in Augsburg. Sie forderten die sofortige Errichtung einer Räterepublik.

Wenige Tage nach diesem Anstoß war es so weit. Am 6. April um 22 Uhr versammelten sich der Zentralrat und die Delegierten der sozialistischen Parteien, der Gewerkschaften und des Bauernbundes im Wittelsbacher Palais, das damals an der Stelle der heutigen Bayerischen Landesbank stand. Nur die Kommunisten blieben der Zusammenkunft fern, bei der es darum ging, die Ämter für die zukünftige Räterepublik zu verteilen.

Erich Mühsam preschte an diesem Abend vor und schlug sich selbst als Volksbeauftragten für Äußeres (vormals Außenminister) vor. Aufgrund seiner guten Beziehungen zu den Kommunisten glaubte er, genau der richtige Mann für diesen Posten zu sein. Doch er wurde zurückgewiesen; selbst Landauer, der in den letzten Tagen zusammen mit Mühsam die Räteresolution erarbeitet hatte, lehnte den Vorschlag ab. Stattdessen erhielt ein Mann namens Franz Lipp den Posten, obwohl niemand ihn näher kannte. Ernst Toller schrieb später:

Er hat kein Gesicht, nur einen Vollbart, trägt keinen Anzug, nur einen Gehrock, die beiden Requisiten scheinen die Gründe seiner

Eignung zu sein. Ein Arbeiter, bei dem ich mich nach Dr. Lipp erkundigte, sagte, er kenne den Papst persönlich.[9]

Mitten in die Versammlung platzte der Kommunist Eugen Leviné. Er war erst im März von der Parteiführung in Berlin nach München entsandt und dem hiesigen KPD-Vorsitzenden Max Levien zur Seite gestellt worden. Die Versammlung mache den Namen Räterepublik lächerlich, polterte Leviné, die Kommunisten würden da keinesfalls mitmachen.

Die Absage der Kommunisten konnte die Zuversicht der Räteanhänger indes zunächst nicht dämpfen: Am 7. April war die Proklamation der Räterepublik Baiern in allen Münchner Zeitungen zu lesen.

Doch schon einen Tag später gab der alte und neue Vorsitzende des Zentralen Arbeiter- und Soldatenrats, Ernst Niekisch, entnervt auf. Einen nicht unwesentlichen Anteil an seinem Rücktritt hatte der psychisch angeschlagene Volksbeauftragte Franz Lipp, dem offenbar jeder Realitätssinn fehlte: Mit seinen staatsmännischen Depeschen in alle Welt – an Lenin ebenso wie an den Papst gerichtet – stellte er im Handumdrehen die Regierung auf den Kopf.

An Niekischs Stelle trat der erst 25-jährige Ernst Toller, der seit Eisners Ermordung auch den Vorsitz der bayerischen USPD übernommen hatte. Toller sah zu diesem Zeitpunkt bereits Gefahr für die junge Räterepublik aufziehen:

„Am 9. April abends stürmt in mein Zimmer einer unserer Sektionsführer. – Die Kommunistische Partei hat in den Betrieben eigene revolutionäre Obleute bestimmt und sie zu einer Versammlung im Mattäserkeller einberufen. Ihr sollt heute Nacht gestürzt werden. […] Wie ich in den Mattäserkeller eintrete, spricht Leviné. Die Räterepublik sei eine Scheinräterepublik, die Regierung sei unfähig, man müsse sie stürzen, anstelle des Zentralrats einen neuen Rat wählen, der die Macht übernehmen werde. Die Versammlung stimmt Leviné zu.[10]

7 Schillerdenkmal am Maximiliansplatz. In diesen Tagen wurde Oskar Maria Graf Augenzeuge folgender Szene:

Ein schreiender Zug mit Fahnen kam auf der Sendlinger Straße daher, Levien mit seinen bespornten Reitstiefeln marschierte voran. Zum Schillerdenkmal zog die Masse, dort bestieg Levien den Sockel und hielt eine Rede. Es sah drollig aus, der Mann mit der napoleoni-

schen Geste, dahinter die geruhige Gestalt des Dichters. Sofortige Beschlagnahme aller Bankgelder, Öffnung der Safes, Todesurteile für Widersacher der revolutionären Sache und dergleichen mehr wurde gefordert. Mich fiel unwillkürlich das Gelächter an.[11]

Am Schillerdenkmal erlebte Oskar Maria Graf eine Rede des Kommunisten Max Levien.

Erich Mühsam fand die gegenwärtige Entwicklung indessen keineswegs zum Lachen. Die Regierung Hoffmann, die nach der Ausrufung der Räterepublik nach Bamberg ausgewichen war, ließ die Münchner Bevölkerung wissen, dass sie die einzige Inhaberin der Gewalt in Bayern sei und bleibe. Um Ihren Machtanspruch zu festigen, war ihr jedes Mittel recht – auch das der Verleumdung, wie Mühsam entsetzt feststellen musste:

Am Samstag, den 12. April war die Lage offenkundig sehr ernst geworden. Die Regierung Hoffmann hetzte das Land in unglaublicher Weise gegen uns auf, gegen uns bekanntere Führer wurden die ungeheuerlichsten Verleumdungen in die Welt gesetzt, von denen besonders die Behauptung, wir hätten in München die Kommunisierung der Frauen bereits eingeführt (jedem Bolschewisten müsse jede Frau nach Belieben zur Verfügung stehen), auf die naive Bevölkerung Eindruck machte.[12]

Am 13. April kam es zum sogenannten Palmsonntagsputsch: Angehörige der Republikanischen Schutztruppe, die auf Seiten der Regierung Hoffmann stand, besetzten in den frühen Morgenstunden mehrere öffentliche Gebäude und nahmen 13 Personen in ihren Wohnungen fest, unter ihnen Franz Lipp und Erich Mühsam. Ernst Toller und Gustav Landauer konnten entkommen. Im Lauf des Tages gelang es den Räteanhängern, die Angreifer zurückzudrängen. Die schweren Kämpfe endeten am Abend mit 17 Toten und mehr als 100 Verletzten.

Die erste Räterepublik war damit zu Ende. Doch im Hofbräuhaus wurde noch am selben Tag die kommunistische Räterepublik unter der Führung von Eugen Leviné ausgerufen.

8 Odeonsplatz. Am 22. April fand in der Ludwigstraße die erste und letzte Parade der Roten Armee statt, die der erst 23 Jahre alte Kommunist Rudolf Egelhofer anführte. Oskar Maria Graf war als Beobachter dabei:

Am Kriegsministerium vorbei defilierten die Reihen, rote Fahnen wehten und Hochrufe erschallten. Dichte Gafferscharen bevölkerten die Trottoire. Vom offenen Fenster herab sprach Egelhofer, der Kommandant der Armee. Entschlossen und ungeziert, in Matrosenuniform stand er da, manchmal hob er seine Faust. Wer ihn hörte, mußte ihm glauben.[13]

Auf Plakaten und Flugblättern bekräftigte die Regierung Hoffmann ihren Machtanspruch.

Zu diesem Zeitpunkt rückten die „Weißen", wie die Konterrevolutionäre genannt wurden, schon aus allen Richtungen gegen München vor. Ein paar Tage später verhaftete ein Kommando der Roten Armee eine größere Anzahl von Personen, die an Sabotageakten gegen die Räterepublik beteiligt waren; die meisten waren Mitglieder der völkischen, antisemitischen Thule-Gesellschaft. Als am 30. April aus Starnberg die Nachricht eintraf, dass dort einige Dutzend Räteanhänger getötet worden seien, wurden zehn der Gefangenen im Hof des Luitpoldgymnasiums erschossen. Dieser Mord hatte eine verheerende Wirkung. Ernst Toller erinnerte sich später:

Am nächsten Tag, nach dem Sieg der Weißen, erzählen Plakate und Zeitungen, man habe die Leichen verstümmelt aufgefunden, die

Mit einer Truppenschau versuchte die kommunistische Räteregierung am 22. April 1919 ihre Macht zu demonstrieren.

abgeschnittenen Geschlechtsteile in Kehrichtfässern entdeckt. Als man zwei Tage später die Wahrheit verkündete, in den Fässern hätten Fleischteile geschlachteter Schweine gelegen, niemand sei verstümmelt worden, hatte die erbärmliche Lüge ihre Wirkung getan. Hunderte armer unschuldiger Menschen büßten sie mit unmenschlichem Leiden und grausamem Tod.[14]

Eines der Opfer der äußerst brutal vorgehenden Konterrevolutionäre war Gustav Landauer. Er wurde am 1. Mai in der Villa von Else Eisner, der Witwe des ermordeten Ministerpräsidenten, in Großhadern verhaftet. Was dann geschah, schilderte Lion Feuchtwanger später in seinem Roman „Erfolg":

Der pazifistische Schriftsteller Landauer wurde außerhalb Münchens verhaftet, zunächst in das Amtsgericht Starnberg gebracht, dann auf einem Lastauto durch den Forstenrieder Park nach dem bei München gelegenen Gefängnis Stadelheim. In Stadelheim wurden Landauer und seine Mitgefangenen von einem Trupp Soldaten in die Mitte genommen. Der Schriftsteller äußerte einiges über Militarismus, den Militarismus von links wie von rechts verurteilend. Daraufhin wurde Landauer von den Soldaten geschlagen [...]. Ein Soldat, dessen Name unbekannt ist, sowie ein gewisser Soldat Digele schossen daraufhin Landauer mit einer Pistole in den Rücken, so daß er vom Boden wegschnellte. Da er noch zuckte, wurde er zu Tode getreten.[15]

Ernst Toller konnte sich nach der Niederschlagung der Räterepublik einige Wochen lang verstecken. Er ließ sich einen Schnurrbart wachsen, weil er steckbrieflich gesucht wurde. Ein Mann, der ihm ähnlich sah, wurde erschossen. Im Juni entdeckte man Toller schließlich in seinem Versteck im Schloss Suresnes in Schwabing. Er wurde verhaftet und zu fünf Jahren Festungshaft verurteilt.

Erich Mühsam, der vom Standgericht zu 15 Jahren Festungshaft verurteilt worden war, kam im Dezember 1924 vorzeitig frei. Dies allerdings nur aufgrund einer Amnestie, die in erster Linie dem Putschisten Adolf Hitler galt: Dessen Festungshaft in Landsberg am Lech war dadurch bereits nach acht Monaten statt nach zwei Jahren beendet.

Der „Traum von neuem Menschenglück", der nach den Worten von Kurt Eisner mit der Revolution Wirklichkeit werden sollte, war zu diesem Zeitpunkt längst ausgeträumt.

Anmerkungen

1. Münchner Neueste Nachrichten, 8.11.1918.
2. Graf, Oskar Maria: Wir sind Gefangene. Ein Bekenntnis. München 2010, S. 457.
3. Toller, Ernst: Eine Jugend in Deutschland. Reinbek 2016 (22. Aufl.), S. 86.
4. Erich Mühsam Gesellschaft: Kleine Auswahl von Gedichten und Texten Erich Mühsams.
URL: http://www.erich-muehsam.de/?cat=texte5
5. Klemperer, Victor: Man möchte immer lachen und weinen in einem. Revolutionstagebuch 1919. Berlin 2015, S. 51.
6. Graf, Oskar Maria: Wir sind Gefangene. Ein Bekenntnis. München 2010, S. 407.
7. Graf, Oskar Maria: Wir sind Gefangene. Ein Bekenntnis. München 2010, S. 408.
8. Klemperer, Victor: Man möchte immer lachen und weinen in einem. Revolutionstagebuch 1919. Berlin 2015, S. 124–126.
9. Toller, Ernst: Eine Jugend in Deutschland. Reinbek 2016 (22. Aufl.), S. 90.
10. Toller, Ernst: Eine Jugend in Deutschland. Reinbek 2016 (22. Aufl.), S. 94.
11. Graf, Oskar Maria: Wir sind Gefangene. Ein Bekenntnis. München 2010, S. 440.
12. Mühsam, Erich: Von Eisner bis Leviné. Die Entstehung der bayerischen Räterepublik. Berlin 1929, S. 66.
13. Graf, Oskar Maria: Wir sind Gefangene. Ein Bekenntnis. München 2010, S. 454.
14. Toller, Ernst: Eine Jugend in Deutschland. Reinbek 2016 (22. Aufl.), S. 115.
15. Feuchtwanger, Lion: Erfolg. Drei Jahre Geschichte einer Provinz. Berlin 2010 (7. Aufl.), S. 587.

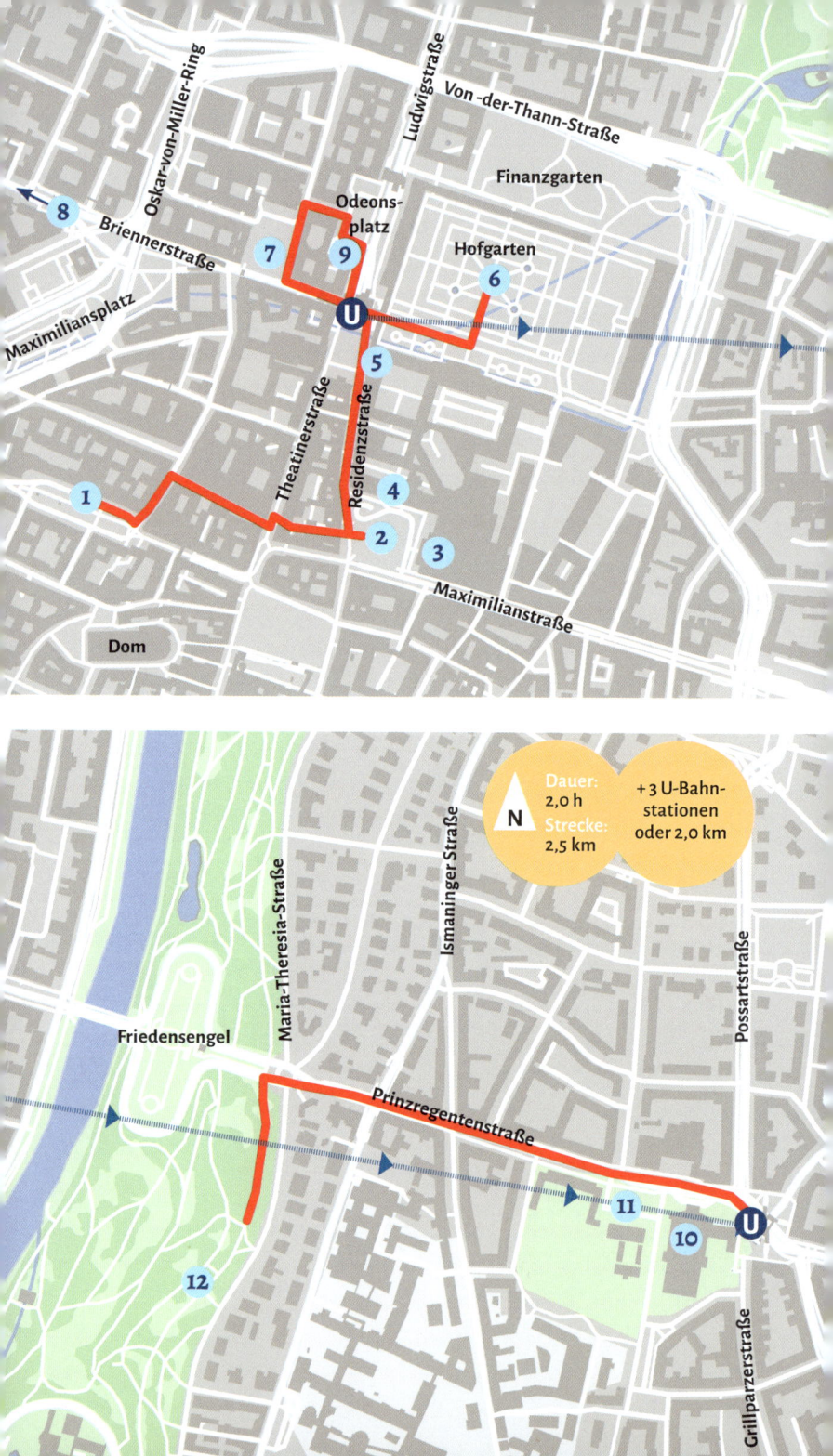

Marlies Lüpke

Eine königliche Freundschaft

Ludwig II. und Richard Wagner – eine musikalische Spurensuche

1864 verändert das denkwürdige Treffen zwischen Ludwig II. und Richard Wagner in der Residenz den Lauf der Musikgeschichte. Fast zwei Jahrzehnte soll die ungewöhnliche „Königsfreundschaft" währen, die in München ihren Ausgang nimmt und die Stadt in einen Zustand zwischen Skandal und Triumph versetzt. Ein Spaziergang zu den originalen Schauplätzen.

Grabesstimmung im Hotel

Unser Rundgang startet am **1 Promenadeplatz** direkt vor dem Hotel Bayerischer Hof. Bereits im 19. Jahrhundert beherbergt das traditionsreiche Haus viele berühmte Persönlichkeiten – unter anderem auch Richard Wagner, der hier im März 1864 für zwei Nächte weilt. Ganz freiwillig ist er nicht in München: Völlig überschuldet und verfolgt von seinen Wiener Gläubigern, nutzt der flüchtige Komponist das Hotel als kurzfristigen Unterschlupf. In München herrscht gerade Staatstrauer: König Maximilian ist vor wenigen Tagen gestorben; das Bild seines erst achtzehnjährigen Nachfolgers Ludwig II. schmückt die Schaufenster der Stadt.

Der Promenadeplatz, wie Wagner ihn kannte. Vorne rechts das Hotel Bayerischer Hof.

Wagners Gemütszustand ist desolat. Die geplante Uraufführung seiner Oper „Tristan und Isolde" wurde in Wien nach 77 Proben abgesagt, womit das schwierige Werk nun als unaufführbar gilt. Frustriert von den jüngsten Misserfolgen, des Lebens überdrüssig und müde, verfasst der Komponist im Bayerischen Hof seine eigene Grabinschrift: „Hier liegt Wagner, der nichts geworden – nicht einmal Ritter vom lumpigsten Orden – keinen Hund hinterm Ofen lockt er – Universitäten nicht mal 'nen Doktor!"

Ein Jüngling entflammt

Weiter geht es zum nahe gelegenen **2 Max-Joseph-Platz**, den wir durch die Fünf-Höfe-Passage und die Perusastraße rasch erreichen. Hier grüßt uns die Säulenfassade des 1818 feierlich eröffneten **3 Hof- und Nationaltheaters**. Seine Erbauung verdankt München dem ersten bayerischen König Max I. Joseph., dessen Denkmal die Mitte des Platzes schmückt. Sein theaterbegeisterter Urenkel liebt dieses Haus. Als Ludwig II. im Alter von 15 Jahren zum ersten Mal einer Aufführung von Wagners Oper „Lohengrin" beiwohnen darf, ist er von der emotionsgeladenen Musik und der phantastischen Szenerie völlig überwältigt.

LUDWIG II. UND RICHARD WAGNER → **TOUR 04**

Das Erlebnis wird zum Auslöser für Ludwigs lebenslange, grenzenlose Wagner-Verehrung und seinen Wunsch, den Komponisten eines Tages nach München zu holen. Später einmal wird er Wagner über dessen „Lohengrin" schreiben: „In seiner Aufführung ward der Keim gelegt zu Unserer Liebe und Freundschaft bis zum Tod, von dort an ward der bald zur mächtigen Flamme werdende Funke für Unsre heiligen Ideale in mir entzündet."

Wagners Opern- und Sagenwelten voller Pathos und mythischer Gestalten liefern den Stoff für Ludwigs Träume. Einige davon lässt er schon bald im Nationaltheater verwirklichen: Die epochalen Münchner Uraufführungen von Wagners „Tristan und Isolde, der „Meistersinger von Nürnberg", des „Rheingold" und der „Walküre" sollen in die Musikgeschichte eingehen.

Wagner wird gerettet

Wir verweilen am Max-Joseph-Platz und lassen uns von der nicht minder prächtigen Fassade des 4 **Königsbaus der Residenz** an der Nordfront des Platzes beeindrucken. Ab 1831 lässt Ludwigs Großvater hier mehrere Säle im Erdgeschoss mit großformatigen Szenen aus

Erlebte vier Wagner-Uraufführungen in Folge: Das Nationaltheater im Jahr 1870.

der Nibelungensage ausmalen. Schon als Kind dürfte das mittelalterliche Heldenepos Ludwigs Phantasien mächtig inspiriert haben. Dass Richard Wagner zur gleichen Zeit in Zürich aus eben jener Sage bereits den Stoff für seinen berühmten Opernzyklus „Der Ring des Nibelungen" formt, ahnt in der Residenz noch niemand.

Tipp: Die fünf Nibelungensäle im Königsbau mit ihren deckenhohen Fresken zählen zu den Highlights des Residenzmuseums. Für eine Besichtigung bitte ausreichend Zeit einplanen.

Als Ludwig II. nach dem frühen Tod seines Vaters die Regierung übernimmt, hat er die Textbücher zu Wagners „Ring" längst verinnerlicht. Nichts wünscht er sich sehnlicher, als das Werk in München aufgeführt zu sehen. Kaum auf dem Thron, lässt er nach Wagner suchen und schließlich durch seinen Sekretär in Stuttgart aufspüren. Das erste Treffen folgt schon am nächsten Tag: Am 4. Mai 1864 wird Richard Wagner in der Residenz vom König empfangen.

Der Komponist kann sein Glück kaum fassen. Kaum sechs Wochen, nachdem er sein Hotel am Promenadeplatz in düsterster Stimmung verlassen hat, verheißt ihm der König eine unverhoffte und geradezu märchenhafte Wendung seines Schicksals. „Seien Sie unbesorgt, ich will Alles thun, was irgend in meinen Kräften steht, um Sie für vergangene Leiden zu entschädigen. Die niedern Sorgen des Alltags will ich von Ihrem Haupte auf immer verscheuchen ...", schreibt ihm Ludwig am nächsten Tag. Und er hält Wort.

Kleiner Exkurs: Königsfreundschaft am Starnberger See
Unmittelbar nach dem ersten Treffen lässt Ludwig II. für Wagner das Landhaus Pellet an Starnberger See anmieten, in nächster Nähe seines Sommersitzes im Schloss Berg. Der König wünscht Wagner fast täglich zu sehen. Beide erkennen ihre Seelenverwandtschaft. „Er kennt meine Werke und Schriften, wie vielleicht kein Andrer ... Was ich in ihm gefunden habe, ist nicht zu beschreiben.

Täglich werde ich durch seinen hinreißenden Umgang mehr inne, welches unglaubliche Wunder mir hier mein Schicksal zugeführt hat," vertraut der bewegte Wagner einem Freund an. Das Haus Pellet ist heute Teil des Landschulheims in Kempfenhausen. Eine Gedenktafel erinnert hier an den Beginn der Königsfreundschaft. Schloss Berg ist am besten von der Seeseite her zu sehen und befindet sich heute im Privatbesitz.

Nibelungen-Träume unterm Dach

Wir wenden uns Richtung Residenzstraße und spazieren an der Westfassade der Residenz entlang Richtung **Odeonsplatz**. Dort angekommen, werfen wir einen Blick auf den Eckpavillon, der das Residenzgebäude zum Hofgarten hin abschließt. Im obersten Stockwerk, mit Ausblick auf Garten und Odeonsplatz, befinden sich bis 1944 die prunkvoll eingerichteten Wohnräume Ludwigs II. Kaum, dass Wagner für München gewonnen ist, lässt der glückselige König einen repräsentativen Zugang zu seinen Gemächern schaffen und diesen mit 30 Szenen aus Wagners „Ring des Nibelungen" ausmalen.

Der 64 Meter lange so genannte  **5** „**Nibelungengang**" verläuft an der Residenzstraße, direkt hinter der Fensterreihe im obersten Stockwerk der Westfassade. Er ist das erste Bauprojekt Ludwigs nach der Thronbesteigung – und das erste, dessen Gestaltung durch

Hagen tötet Siegfried: Szene aus den Nibelungensälen der Münchner Residenz.

Wagners Opern inspiriert wird. Während sich Historienmaler Michael Echter an die Arbeit macht, sitzt Wagner zur gleichen Zeit an der Vertonung des Epos. Ludwig sehnt die Vollendung des „Rings" sehnsüchtig herbei. An Echters Ausführungen nimmt Wagner, nicht zuletzt durch seine ständigen Änderungswünsche, entscheidenden Anteil.

Im Zweiten Weltkrieg geht der Nibelungengang im Bombenhagel unter. Fotografien sowie Aquarellkopien von Echters Gemälden aber sind noch erhalten und werden in den Archiven sorgsam verwahrt.

Ein Ständchen für den König

Nur wenige Schritte trennen uns von unserer nächsten Station, die sich direkt unter den Fenstern des königlichen Appartements im 6 **Hofgarten der Residenz** befindet. Einmal durch das Hofgartentor spaziert, befinden wir uns inmitten einer der schönsten Oasen der Münchner Altstadt.

Königliches Residieren unterm Dach: Im Eckpavillon am Hofgarten befand sich das Appartement Ludwigs II.

Ob Richard Wagner den Charme des Gartens zu schätzen weiß, ist nicht bekannt. Sicher ist aber, dass er alles dafür tut, seinen großzügigen Gönner und Förderer bei Laune zu halten. Schließlich hat Ludwig nicht nur sämtliche Schulden Wagners beglichen und dafür gesorgt, dass der Komponist ein üppiges Jahresgehalt erhält. Ihm ist es auch zu verdanken, dass Wagner jegliche Mittel zur Verfügung gestellt werden, die er zur Verwirklichung zukünftiger musikalischer Projekte wünscht.

Grund genug also, den König mit einem selbst komponierten Huldigungsmarsch zu überraschen, den Wagner persönlich mit der Kapelle einstudiert und dessen Uraufführung am 5. Oktober 1864 direkt hier unterhalb der königlichen Gemächer stattfindet. Ludwig, hoch erfreut, steht am Fenster und lauscht. Er ist der einzige Zuhörer.

LUDWIG II. UND RICHARD WAGNER → **TOUR 04**

Holzmodell des Festspielhauses nach den Plänen von Gottfried Semper (mehr dazu auf S. 68)

Um den menschenscheuen Monarchen nicht zu verstimmen, ist den Münchnern der Zugang zum Garten an diesem Tag verwehrt.

Ein Festspielhaus an der Isar

Während wir das Flair des königlichen Hofgartens genießen, lenken wir unsere Schritte nun Richtung **Hofgartentempel**, der schon zu Zeiten Ludwigs II. den Mittelpunkt und Ruhepol der Anlage bildet.

Der König allerdings hat eigene Pläne. Für die Aufführung des „Rings des Nibelungen" soll nach Ludwigs Willen schon bald „ein großes Theater, im edelsten Style" das Isarhochufer krönen. Als Architekt für das neue Wagner-Festspielhaus wird dessen Jugendfreund Gottfried Semper nach München gerufen, als Standort ein Platz nahe dem Maximilianeum bestimmt. Zusätzlich zum neuen Musentempel plant Semper auch gleich eine monumentale Prachtstraße inklusive Brücke über die Isar. Als Verlängerung der Brienner Straße soll sie dem Prunkbau den gebührenden Auftritt verschaffen. Ein Blick vom Tempel Richtung Staatskanzlei und dann zurück Richtung Hofgartentor lässt uns den geplanten Verlauf der Straße mitten durch den Hofgarten erahnen.

Tipp: Einen guten Eindruck, wie Sempers Pläne das Stadtbild verändert hätten, vermittelt eine Video-Installation in der Ausstellung „Typisch München" im Münchner Stadtmuseum.

Die ungeheuren Kosten, die das Bauvorhaben verschlingen soll, rufen allerdings Ludwigs besorgte Familie und einige noch besorgtere Minister auf den Plan. Die uneingeschränkte königliche Gunst, die Wagner in München genießt, ist seinem Umfeld längst ein Dorn im Auge. Zwischen genüsslichem Klatsch und giftigem Tratsch konstatiert auch die Presse, dass Ludwig seinem angebeteten Meister offenbar zu Füßen liegt. „Könnte man an Zaubertränke glauben", so ist ein Stoßseufzer von Großvater Ludwig I. überliefert, „man müsste annehmen, einen Zaubertrank habe Richard Wagner meinem Enkel gereicht."

Wagner richtet sich ein

Zurück am Odeonsplatz, überqueren wir diesen Richtung Brienner Straße und folgen ihr ein kleines Stück bis zum nahe gelegenen **7 Wittelsbacher Platz**. Hier ist ein guter Ort, um im Gedanken in Wagners Kutsche einzusteigen, der sich nach einem Besuch beim König gerade zurück in sein neues Münchner Domizil fahren lässt. Wer Lust und Zeit hat, spaziert selbst weiter Richtung Königsplatz (ca. 15 Minuten) und gelangt von dort nach wenigen Schritten zum Standort der ehemaligen **8 Wagners'schen Villa an der Brienner Straße Nr. 37**. Das Haus existiert nicht mehr, aber eine Gedenktafel und die nach dem Komponisten benannte Richard-Wagner-Straße erinnern hier an die Zeit, die der Künstler in unmittelbarer Nachbarschaft zu den Propyläen verbringt.

In seiner luxuriösen Villa (die Miete zahlt der König) findet Wagner nicht nur Ruhe zum Komponieren. Hier probt er auch mit den Sängern und Sängerinnen für seine Oper „Tristan und Isolde", deren Uraufführung nun endlich in greifbare Nähe rückt. Hans von Bülow, ein glühender Wagner-Verehrer und zudem Freund des Komponisten, wird als exzellenter Kenner des Werks die Premiere leiten. Als Sekretärin für die tägliche Korrespondenz hat Wagner Bülows Frau Cosima in die Brienner Straße engagiert. Ihre heimliche Liebesbeziehung sorgt in der Stadt bald schon für Gesprächsstoff und bleibt nicht ohne Folgen: Im April 1865 wird ihre erste gemeinsame Tochter Isolde in München geboren.

Tipp: Die kleine, aber sehenswerte Richard-Wagner-Straße mit ihrer malerisch-historisierenden Bebauung ist einen Abstecher auf die andere Straßenseite wert. Auch die herrschaftliche Villa Franz von Lenbachs gleich daneben lohnt eine Außenbesichtigung. Der Münchner „Malerfürst" ist mit

LUDWIG II. UND RICHARD WAGNER → **TOUR 04**

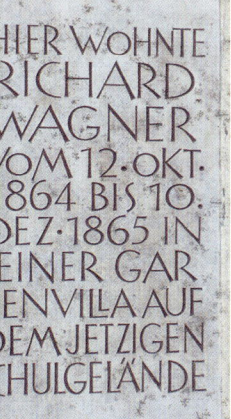

Wagners luxuriöse Villa in der Briennner Straße war ein Geschenk des Königs

Wagner befreundet und porträtiert den Komponisten sowie die Familienmitglieder gleich mehrfach. Wer mag, legt jetzt im Café „Ella" im Lenbachhaus eine kleine Pause ein und genießt die Aussicht auf den Königsplatz wie es einst Richard Wagner an diesem Ort tat.

Ein Gewitter zieht auf

Wieder angelangt am Wittelsbacher Platz, überqueren wir diesen und gelangen rechts über eine kleine Stichstraße zurück zum **Odeonsplatz**, der an dieser Stelle von zwei äußerlich identischen Gebäuden eingefasst wird. Das Rechte von beiden beherbergt bis zur Kriegszerstörung 1944 das berühmte **9 Königliche Odeon** – Münchens erster Konzertsaal, der über viele Jahrzehnte zahlreiche große Musiker und Komponisten anzieht.

Richard Wagner kennt den Saal. Weitaus mehr interessieren ihn allerdings die Vorgänge im obersten Stockwerk des Gebäudes, in dem das Konservatorium für Musik untergebracht ist. Von Wagners Opernreform und revolutionären musikalischen Ideen hat man hier noch nicht viel gehört – sehr zu dessen Missfallen. Es dauert nicht lange, bis der Komponist den König von einer Neuausrichtung der Ausbildung ganz in seinem Sinne überzeugt hat. Die hohen Kosten dafür stoßen auf Widerstand. Der Monarch, großzügig wie immer, übernimmt auch hier die Finanzierung.

Ludwig ist wie Wachs in Wagners Händen. Der weiß seinen Einfluss auf den jungen König immer ungenierter für seine Zwecke

**Im Schloss Hohenschwangau steht noch heute das Klavier,
auf dem Wagner dem König vorspielte**

zu nutzen. Im Ministerium schrillen bereits die Alarmglocken. Während Wagners Geldforderungen immer höher und der Tratsch über sein unschickliches Verhältnis mit Cosima immer lauter wird, setzt die empörte Presse auf Angriff. Am Münchner Himmel zieht ein Sturmgewitter auf.

Kleiner Exkurs: **Hohenschwangau und die Folgen**
Im November 1865 verbringen Ludwig II. und Richard Wagner herrliche gemeinsame Tage im Schloss Hohenschwangau. Es ist ein Höhepunkt ihrer Freundschaft. Wagner organisiert Konzerte, liest dem König täglich aus seinen Memoiren vor – und begeht in der vertrauensvollen Atmosphäre einen verhängnisvollen Fehler. Die politischen Verhältnisse in München anprangernd, legt er dem König kühn eine Kabinettsumbildung inklusive der Entlassung des Ministerpräsidenten von der Pfordten sowie seines Kabinettssekretärs nahe – beide Wagner wenig wohlgesonnen und für dessen ambitionierte Pläne in München somit eher unbequem.
Wieder zurück in München, führt Wagners versuchte politische Einflussnahme umgehend zu einem Eklat. Das aufgebrachte Kabinett stellt dem König ein Ultimatum: Sollte der Komponist nicht umgehend die Stadt verlassen, droht man mit geschlossenem Rücktritt.
Ludwig steht unter hohem Druck. Tatsächlich bittet er den Komponisten, München vorübergehend zu verlassen, bis sich die Lage beruhigt hat. Der schwer gekränkte Wagner jedoch reist am 10. Dezember 1865 Richtung Schweiz ab, wo er die nächsten Jahre mit Cosima und den gemeinsamen Kindern verbringt. Seinen Traum von einem eigenen Festspieltheater ver-

wirklicht er schließlich in Bayreuth. Nach München kehrt Richard Wagner nur noch für wenige kurze Aufenthalte zurück.

Doch noch ein Wagnertempel für München

Wagners Abschied aus München bedeutet für Ludwig II. keinesfalls das Ende ihrer Freundschaft. Tatsächlich wird er den Komponisten bis an sein Lebensende unterstützen. Für Wagners Rehabilitation in München sorgt er persönlich: Im Juni 1868 gerät die Uraufführung der „Meistersinger von Nürnberg" zu einem triumphalen Erfolg für den Komponisten (siehe hierzu auch die Geschichte auf S. 66).

Um zur nächsten Station zu gelangen, nutzen wir die direkt am Odeonsplatz befindliche U-Bahnstation, von wo aus es in nur vier Minuten zum **Prinzregentenplatz** geht (U4 Richtung Arabellapark; drei Stationen). Im Jahr 1900 sind Bauarbeiter hier gerade dabei, die Fundamente für ein neues Theater auszuheben. Auch wenn Cosima in Bayreuth tobt und alles versucht, die unliebsame Konkurrenz in München zu verhindern: Das neue Wagner-Festspielhaus, **10 Prinzregententheater** genannt, wird gebaut.

Längst schon hat man in München Wagners Rauswurf bereut und schielt neidvoll nach Bayreuth, wo die Festspiele die Kassen

Konkurrenz für Bayreuth: Das 1901 eröffnete Prinzregententheater

klingeln lassen. Die verpasste Chance schmerzt. Hoftheaterintendant Ernst von Possart, treibende Kraft in München, ist deshalb nicht zimperlich und lässt das Theater mit Orchestergraben und den amphitheatrisch ansteigenden Sitzen nahezu 1:1 nach Bayreuther Vorbild nachbauen. Bühnenbilder, Sänger, Regisseur, selbst die Festspiel-Rituale – alles wird von Bayreuth kopiert bzw. übernommen.

Die Rechnung geht auf: Ab 1901 locken die jährlichen Festspiele zahllose Wagner-Enthusiasten aus aller Welt nach München. „Was die Väter versäumt, haben die Söhne gutgemacht", heißt es in der Eröffnungsfestschrift. Noch bis 1939 finden die Wagner-Inszenierungen am Prinzregentenplatz statt.

Extra: Uraufführung der „Meistersinger von Nürnberg" am 21. Juni 1868
Im Sommer 1868 kündigt sich in München ein gesellschaftliches Großereignis an. Scharenweise strömt das erwartungsvolle Publikum am Premierentag der „Meistersinger von Nürnberg" ins Hoftheater. Ludwig ist schon da und hat seinen Platz in der Königsloge eingenommen. Doch er ist nicht allein. Hinter dem König sitzt – jede Hofetikette missachtend – Richard Wagner!
Als der letzte Ton verklungen ist, braust Jubel und nicht endender Applaus auf. Da geschieht das Unfassbare: König Ludwig winkt den Meister nach vorne und hin zur Brüstung. Nun ist es Wagner, der die Huldigungen des jubelnden Publikums entgegennehmen darf. Die Presse ist aus dem Häuschen:
„Der Eindruck, den diese königliche Huld auf das hiesige Publikum machte, war überwältigend: man verstummte, man blickte empor zum glänzenden Plafond des Riesenhauses, ob er nicht Miene machte einzustürzen ob solcher nie dagewesener Gunstbezeigung. [...] Kein Wunder, wenn einige Fräulein sich in das hohe Näschen zwickten, ob sie es denn auch selbst noch seien, die solchem nie erlebten Schauspiel beiwohnten."

Wiedergutmachung in Stein
Anlässlich Wagners 100. Geburtstag wird 1913 nur wenige Schritte vom Prinzregententheater entfernt das **11 Richard-Wagner-Denkmal** des Bildhauers Heinrich Waderé enthüllt – eine Art „Wiedergutmachung" der Stadt angesichts des schnöden Rauswurfs vor fast 50 Jahren; vielleicht ist auch ein wenig Reue gegenüber dem König dabei, der seinen Münchnern Wagners erzwunge-

Zur Einweihung des Denkmals am 21. Mai 1913 erklang Wagners „Huldigungsmarsch"

nen Abschied nie verziehen hat. Rechter Hand vom Theater, in halb liegender Pose wie einst Goethe in der Campagne, ruht der Komponist seither auf seinem Sockel. Dass diese Darstellung kaum zum Charakter des quirligen Sachsen passt, irritiert allerdings schon die Zeitgenossen.

Dem ursprünglich geplanten Standort seines Münchner Festspielhauses kehrt Wagner passenderweise den Rücken zu. Ein kleiner Spaziergang bringt uns zu diesem letzten Erinnerungsort, nicht weit vom Wagner-Monument entfernt.

Überblick: **Die Wagner-Uraufführungen im Nationaltheater**
10. Juni 1865 – Tristan und Isolde
21. Juni 1868 – Die Meistersinger von Nürnberg
22. September 1869 – Das Rheingold
26. Juni 1870 – Die Walküre
29. Juni 1888 – Die Feen

Erinnerung an ein Traumprojekt

Immer geradeaus Richtung Friedensengel folgen wir der Prinzregentenstraße und biegen kurz davor nach links in die Grünanlagen ab. Dem Weg folgend, entdecken wir schon bald ein **12 Denkmal Ludwigs II.** 1967 errichtet, wird die Bronzestatue von drei Tafeln ergänzt, die Ludwigs Schlösser Linderhof, Herrenchiemsee und Neuschwanstein zeigen. Eine vierte Tafel verewigt Sempers Festspielhaus, so wie es sich der König an dieser Stelle erträumt hatte. Über eine monumentale Treppenanlage, die neue Brücke und die geplante Prachtstraße wäre der Theaterbau direkt mit der Residenz verbunden gewesen.

Bronzetafel statt Semperoper: Das Denkmal Ludwigs II. steht an der Stelle des geplanten Festspielhauses

An den Plänen für das Theater hält Ludwig auch nach Wagners Weggang fest. Noch 1868 lässt Gottfried Semper ein hölzernes Modell des Festspielhauses anfertigen, welches sich der begeisterte König vorführen lässt. Doch der Plan scheitert der enormen Kosten wegen schließlich am Widerstand der Minister.

Frustriert muss der Architekt seine Pläne wieder einpacken – allerdings nicht für immer. Ein Jahr später wird das Königliche Hoftheater in Dresden durch ein Feuer zerstört. Man ruft nach Semper. Der holt seine Münchner Entwürfe hervor und lässt einen großen Teil davon nun in Dresden verwirklichen. Die Ähnlichkeit zwischen seinem Münchner Modell und seinem Meisterwerk in der sächsischen Hauptstadt ist bis heute unübersehbar.

Dass die berühmte Semperoper ursprünglich nicht an der Elbe, sondern an der Isar stehen sollte, wissen heute nur noch wenige. Immerhin: Der Zuschauerraum, den Semper nach Wagners Wünschen für das Isar-Festspielhaus entwirft, wird später in Bayreuth verwirklicht und kommt über diesen Umweg auch nach München (siehe Station 9)

Tipp: Sempers beeindruckendes Modell des Münchner Festspielhauses (siehe S. 61) kann heute im Wagner-Saal des König-Ludwig II.-Museums im Schloss Herrenchiemsee bewundert werden. Ein Ausflug lohnt sich!

Andenken an eine königliche Freundschaft: Ludwigs Büste vor der Villa des Komponisten in Bayreuth

Letzter Exlurs: **Freundschaft bis in den Tod – Ludwig II. und Bayreuth**
1876 wird das Bayreuther Festspielhaus mit der ersten vollständigen Aufführung des „Ring des Nibelungen" eingeweiht. Ohne Ludwigs beträchtliche finanzielle Unterstützung wäre Wagners Weihetempel auf dem Grünen Hügel ein unerfüllter Traum geblieben. Als das Unternehmen nach den ersten Festspielen tief in die roten Zahlen abrutscht, springt der König wieder ein.
Wagner weiß sehr wohl, was er Ludwig II. zu verdanken hat. Selbst gelegentliche Zerwürfnisse haben seinen königlichen Freund und Mäzen nie davon abgehalten, ihn nach Kräften zu unterstützen. Als Wagner in Bayreuth seine Villa „Wahnfried" bezieht, lässt er auf dem Vorplatz eine Bronzebüste Ludwigs II. aufstellen. Noch heute ist er hier als ewiger Schutzpatron des Komponisten zu sehen.
Für Ludwig bleibt die Förderung Wagners und seiner Werke lebenslang Mission. Er ist sich seiner Verdienste wohl bewusst. „Den Künstler, um welchen jetzt die ganze Welt trauert, habe ich zuerst erkannt, habe ich der Welt gerettet", resümiert er 1883 nach Wagners Tod. Er wird seinen Meister um nur drei Jahre überleben.

Tipp: In der Villa „Wahnfried" ist heute das sehr sehenswerte Richard Wagner Museum u.a. mit Exponaten zur „Königsfreundschaft" zwischen Wagner und Ludwig II. untergebracht.

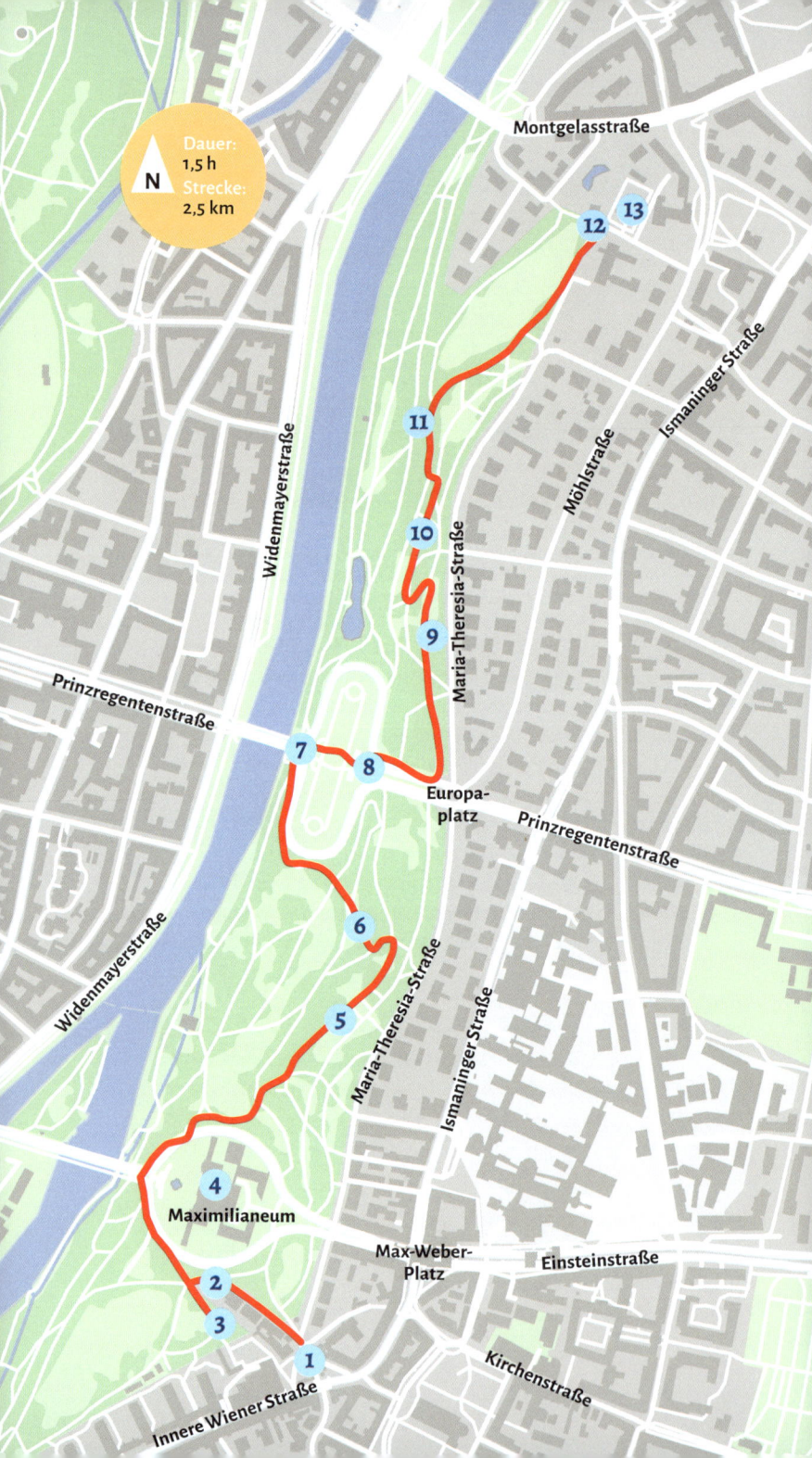

Anette Spieldiener

Zwischen Boanlkramer und Friedensengel

Dichter & Denker in den Maximiliansanlagen

Durch und durch theatral ist das Isarhochufer. Hier performt das Maximilianeum auf seiner Naturbühne, den Gasteig- und Maximiliansanlagen. Deren Schöpfer, Carl von Effner, bietet bis heute eine Symbiose von Natur und Theatralik in Münchens spannendstem Englischen Landschaftsgarten. Enthusiasmiert hat dies schon die Schriftstellerin Annette Kolb. Sie und andere widerständige Persönlichkeiten wie Wilhelm Hausenstein und Pater Alfred Delp entdeckt man hier obendrein. Nicht zuletzt taucht mythisches Personal auf: Mephisto, der Märchenkönig, „Herr Meier oder Maier", eine verkappte Nike und … Vorhang auf für eine Tour, die Poesie und Widerstand hochleben lässt.

Quirlig und gemütlich, von kleinen Herbergen mit Vorgärten, größeren Mietshäusern, dem imposanten Hofbräukeller und netten Cafés eingefasst, lädt der **Wiener Platz** 1 mit seinen zahlreichen Bänken im Alltag zum Pausieren ein. Der Blick schweift zur neogotischen, am 24. August 1879 geweihten Kirche St. Johann Baptist. Mit ihrem Häuserensemble im Vordergrund blickt man geradezu in einen Bühnenraum des 19. Jahrhunderts mit Kulissen und der Kirche als Hintergrundprospekt. Haidhauser Alltagstheater.

Vor 1854, dem Jahr der Eingemeindung Haidhausens, verlief hier die Burgfriedensgrenze. Jahrhundertelang prägten Herbergshäuser die Haidhausen zugewandte Seite des Platzes. Südwestlich begrenzten die Bierkeller der Münchner Brauereien den Wiener Platz. Noch bis 1899 stand ein mehrere Handwerksbetriebe umfassendes Anwesen in seiner Mitte. Die historistischen Mietshäuser und ein fester Marktplatz kamen um die Jahrhundertwende hinzu.

So idyllisch der Platz heute wirkt, so ruft er mit Blick auf die Gedenktafel neben dem Hofbräukeller auf zu Widerstand und zur Positionierung gegen Fanatismus und Rechtsextremismus. Auf der Tafel wird den zwölf Perlacher Handwerkern und Arbeitern gedacht, die nach der militärischen Zerschlagung der Münchner Räterepublik ohne gerichtliches Verfahren am 5. Mai 1919 von Mitgliedern des Freikorps ‚Lützow' im Garten des Hofbräukellers erschossen wurden. Erinnert wird an Albert Dengler, Georg Eichner, Johann Fichtl, Sebastian Hufnagel, Georg Jakob, Josef Jakob, Johann Keil, Artur Koch, Albert Krebs, Josef Ludwig, August Stöber, Konrad Zeller. Im Frühjahr 1997 wurde die Gedenktafel mit den Namen der Ermordeten von Bürgermeister Hep Monatzeder enthüllt.

Uns zieht es in die beschauliche Grütznerstraße, benannt nach dem Maler Eduard Grützner (1846–1925). Als siebter Sohn eines schlesischen Bauern wuchs er in Großkarlowitz bei Neiße auf. Schon auf dem Gymnasium zeigte sich sein zeichnerisches Talent. Der Münchner Baumeister Reinhold Hirschberg, ebenfalls Schlesier, wurde bei einem Heimatbesuch auf den jungen Grützner und dessen Traum von einem Kunststudium aufmerksam. Er nahm einige seiner Zeichnungen mit nach München zur Vorlage bei Professoren der Kunstakademie. Der Historienmaler Karl von Piloty zeigte sich begeistert und nahm Grützner in seine Klasse auf. Nach den Studienjahren von 1864 bis 1870 führte Grützner Pilotys effektstarke Licht- und Schattentechnik zwar fort, zog nun aber die Genre- der Historienmalerei vor. Vor allem seine ‚Klosterszenen' mit Mönchen, deren Modelle er im Franziskaner Kloster oder Kloster Andechs fand, verkauften sich gut.[1] Ein ganz geheimnisvoller ‚Grützner' zählt zu den Schätzen des Münchner Stadtmuseums. Im Format eines ovalen Brustbildes, 65 mal 54 Zentimeter, bannte Grützner mit

Eduard von Grützner, Mephisto, 1872, Münchner Stadtmuseum

Ölfarben die Figur Mephisto auf die Leinwand. Vor dem schwarzen Hintergrund dominiert sie in rotem Gewand mit Kapuze, durch deren Schlitz ein spitzes, satyrhaftes Ohr herausragt. Gleich Warzen markieren zwei angedeutete Hörner den rothaarigen und -bärtigen, in seinen Augen einen rötlichen Glanz aufweisenden Teufel. Die stark nach unten gebogene Nase, das verschmitzte Lächeln der geschlossenen, bläulichen Lippen sowie die kräftig nach oben gebogenen Augenbrauen lassen durch das porträthafte Format Mephisto geradezu ‚real' erscheinen. Ein unheimliches Gegenüber![2]

Grützner konnte von seiner Kunst leben, gut leben sogar! Er ließ sich vom Architekten Leonhard Romeis eine **Villa am Praterbergl** 2 bauen, die heute den krönenden Abschluss der Grütznerstraße bildet. Zahlreiche illustre Gäste beherbergte das mit Türmchen, Loggien, Erker sowie Butzenscheibenfenstern gestaltete Haus. Vom Malerpoeten Spitzweg über Kronprinz Rupprecht bis zum Operettenkönig Franz Lehár reichte die bunte Gästeschar, die in der Villa ein Sammelsurium an Antiquitäten aus der Spätgotik und Frührenaissance neben ostasiatischer Kunst bestaunen konnte. Mit 79 Jahren starb Eduard Grützner am 2. April 1925 in seiner Villa. Seine Sammlung und das gesamte Inventar wurden nur fünf Jahre später versteigert und in alle Winde zerstreut. Begraben wurde

Villa von Eduard Grützner, Architekt: Leonhard Romeis (1854 – 1904)

Grützner im alten Teil des Münchner Waldfriedhofs. Ein Putto mit einer Farbpalette und Pinseln schmückt seinen Grabstein.

Auf einer kleinen Anhöhe der Gasteiganlagen gleich hinter dem **Grütznerhaus** gibt es einen Erinnerungsort 3 für das Multitalent Franz von Kobell. Die Büste wurde von dem Bildhauer Benedikt König entworfen und bei Ferdinand Miller gegossen. Sie steht auf einem Natursteinsockel, auf dessen Vorderseite zu lesen ist: „Dem Mineralogen und Volksdichter Franz von Kobell 19.7.1803 – 11.11.1882 / Errichtet 1896". Der gebürtige Münchner war ab 1834 Professor für Mineralogie – nach ihm wurde das Mineral Kobellit benannt. Der passionierte Jäger und Zitherspieler reüssierte zu Lebzeiten bereits als Autor: Genau vor 150 Jahren, 1871, erschien seine „Gschicht vom Brandner Kasper" in der humoristischen Wochenschrift Fliegende Blätter im Verlag Braun & Schneider. „Der Brandner-Kasper is a' Schlosser g'west und hat bei Tegernsee a' kloa's Häusl g'habt, hübsch hoch ob'n a'm Almbach, wo mar auf Schliersee 'nübergeht."[3] Dieser Satz eröffnet den berühmten Text, in dem der 75jährige Brandner sich beim „Boanlkramer" mittels etlicher Stamperl „Kersch'ngeist" und erfolgreichem Schummeln beim Kartenspiel scheinbar 15 weitere Lebensjahre erspielen kann. Nach Aufkommen seines Fehlens

Büste modelliert von Benedikt König (1842–1906), gegossen von Ferdinand Miller d. J. (1842–1929)

im Himmel fünf Jahre später wird der Boanlkramer vom Heiligen Petrus wieder zur Erde gesandt, um den Brandner endlich zu holen. Das Angebot einer Spazierfahrt mit Blick ins Paradies und Rückfahrschein verfehlt nun seinen Reiz nicht. Oben im Himmel angekommen ist der Brandner so überwältigt vom Paradies und der Wiedersehensfreude mit seinen schon vor Jahren bei der Schlacht am Berg Isel verstorbenen Söhnen und der restlichen Verwandtschaft, dass er ausruft: „[...] i' bleib' da und will nix mehr wiss'n vo' der Welt d'runt und sag' Herr vergelt's Gott tausendmal, daß ma' die Gnad' wor'n is, daß i' daher kemma bi'."[4]

Nun aber lockt Münchens architektonisches, besonders in der Abendsonne funkelndes Glanzstück, das dem Isarhochufer die Krone aufsetzt: Das **Maximilianeum** 4 . Architekt dieser Gloriette war Friedrich Bürklein (1813–1872), der auch für die Maximilianstraße verantwortlich zeichnete. 1857 wurde der Grundstein für den Bau gelegt, der von Anfang an eine Studienstiftung für begabte männliche Abiturienten beherbergte. 1980 wurde die Wittelsbacher Jubiläumsstiftung ins Leben gerufen, um auch die weibliche Studienelite zu fördern. Neben den Wohnräumen für die Studierenden beherbergte das 1872 unter König Ludwig II. eröffnete Gebäude auch die Königliche Pagerie, eine Gemäldesammlung und seit 1949 den Bayerischen Landtag, der, hervorgegangen aus der Bayerischen Ständeversammlung, seinen ursprünglichen Ort im Redoutenhaus in der Prannerstraße hatte.

Einige Details an der Fassade fesseln: Der konkav gewölbte Mittelteil des Maximilianeums wird von neun halbrunden Mosaikfeldern geschmückt. Im Mittleren ist Ludwig der Bayer dargestellt,

Mosaik im Giebelfeld des Mittelrisalits des Maximilianeums, Kaiser Ludwig IV stiftet den Benediktinerkonvent Ettal am 28.4.1330

Kaiser des Heiligen Römischen Reichs von 1328–1346, umgeben von Benediktinern. Seine Stiftung des Klosters Ettal nimmt den zentralen Platz ein. Sie verweist auf die Förderung von Religion und Wissenschaft seitens der Wittelsbacher im Mittelalter. Indem im Hintergrund des Mosaiks das Ettaler Gnadenbild der Patrona Bavariae innerhalb einer Prozession von Benediktinern erscheint, erhält die himmlische Fürsprecherin den erhabensten Platz des gesamten Bilderzyklus.

Noch ein weiteres Mosaik zeigt den mittelalterlichen Herrscher. Oberhalb der Fenster des nördlichen Konferenzzimmers sieht man Ludwig den Hausvertrag von Pavia im Jahr 1329 an die Söhne seines verstorbenen Bruders Rudolf übergeben. Ein Passus dieses Hausvertrags regelte, dass beim Aussterben der ludovizischen männlichen Erbenlinie die rudolfinische Linie deren Rechte und Territorien erben sollte. Im Jahr 1777 war es dann soweit, als Kurfürst Max III. Joseph kinderlos verstarb. Aufgrund des Vertrags von Pavia kam Kurfürst Carl Theodor aus der Linie Pfalz-Neuburg-Sulzbach von Mannheim nach München und übernahm die Regierung. Als auch dieser wiederum kinderlos 1799 starb, trat die Nebenlinie Pfalz-Zweibrücken mit Kurfürst Max IV. Joseph, dem späteren König Max I. Joseph an, dem König Ludwig I., König Max II. sowie König Ludwig II. folgten. Kraft dieses mittelalterlichen Hausvertrags gelangten somit die Personen an die Macht, die München und dem Land Bayern ihre unverwechselbare Handschrift gaben. Ohne diesen Vertrag kein Englischer Garten, keine Ludwigstraße, kein Königsplatz, keine Maximilianstraße, kein Neuschwanstein – überspitzt formuliert! In einer die Monarchie immer öfter in Frage stellenden Zeit war wohl die Darstellung dieses Geschehens an der Fassade des Maximilianeums ein wichtiges Legitimationszeugnis.[5]

Ein idealer Standort, um die Gesamtwirkung dieses Prachtbaus zu ermessen, ist der Anfang der Maximilianstraße. Von dort aus besehen taucht die königliche Architektur auf der inszenierten Naturbühne einem Akteur gleichsam auf. Grün wurde es zu beiden Seiten des Gebäudes erst durch die Bäume, die Landschaftsgärtner Carl von Effner (1831–1884) für den Englischen Landschaftsgarten der Maximiliansanlagen zwischen 1856 und 1861 und den der Gasteiganlagen um 1864 auswählte. Das Gedicht „Ein Spaziergang auf dem Gasteig bei München", veröffentlicht in der satirischen Zeitung Punch, beschreibt die landschaftsgärtnerische Verwandlung des ehemals kahlen Höhenkamms mit Anleihen aus Goethes Faust II: „Wo sonst Geröll und jäher Sand / Den Gang zur Alpensicht verleidet. / Winkt jetzt ein paradiesisch Land. / Von dem das Herz mit Wehmut scheidet."[6]

Spazieren wir nun in die **Maximiliansanlagen** nördlich des Maximilianeums hinein. Unser Blick streift Buchen und Eichen, aber auch Nadelhölzer und seltene Koniferen. Jeder Baum wurde schon bei der Anpflanzung auf seine Wirkung hin geprüft. Auffallend ist die Dichte der Bäume entlang der Isar. Das profane Wäscheaufhängen im Lehel sollte durch die Blätter verdeckt werden. Über die Brücke geht es den König-Ludwig-II-Weg hinauf. Oben erwartet uns sein Denkmal **5**, das 1967 an der Stelle eines geplatzten Traumes aufgestellt wurde. Hier war das

Brücke in den Maximiliansanlagen, die zum König Ludwig II-Weg führt

Opernhaus für Richard Wagner geplant. Ausgeführt wurde es nie. Es blieb bei den Architekturplänen von Gottfried Semper, die heute zum Bestand des Deutschen Theatermuseums München gehören. Man stelle sich vor: Der Zauber des Bayreuther Opernspektakels würde sich in den Maximiliansanlagen abspielen. Ein (Alb)Traum?

Der Künstler Anton Rückel (1919–1990), Schöpfer auch des Volkssängerinnen-Brunnens zu Ehren Elise Aulingers am Viktualienmarkt, gestaltete den König in seiner schlanken Gestalt einsam stehend auf einem hohen Granitfelsen. Der rechte Arm greift zur Schulter, der linke Arm hält den Umhang vor dem Körper zusammen. Der in die Ferne gerichtete Blick aus den tiefen Augenhöhlen nimmt mit der irdischen Sphäre keinen Kontakt auf. Als Kontrast zum entrückten König sind die vier Bronzetafeln mit den Schlösserbauten Herrenchiemsee, Neuschwanstein, Linderhof, sowie dem Semperschen Entwurf des Festspielhausprojektes zum Greife nahe. Können wir den einsam über unseren Köpfen stehenden König über die von ihm hinterlassene Kunst ‚begreifen', ihn, der 1876 an eine Schauspielerin ein berühmtes Schillerzitat aus der „Braut von Messina" um die letzten zwei Worte erweitert adressierte: „Ein ewig Rätsel will ich bleiben mir und anderen!"?

Um zu dem kleinen geschwungenen See mit den Goldfischen, dem plätschernden Bachlauf und der malerischen Weide **6** zu gelangen, wählen wir die nächste Abzweigung nach links unten. Bei der Weggabelung geht es dann rechts hinunter zu dem geheimnisvollen Platz. Treffend stellte Annette Kolb (1870–1963), Tochter eines Landschaftsgärtners, in ihrem Aufsatz König Ludwig II. und Richard Wagner in einem Exkurs zu Effners Gartengestaltung fest: „Bei Effner Überraschungen – nicht etwa solche, die sich abnützten, eine Theatralik, nicht gesucht, sondern von der Natur selbst inspiriert, als Erwiderung auf eine Lockung, die von ihr ergangen war."[7]

Bald steigt das Bodenniveau beim Auffahrtsrondell zum Friedensengel wieder an, auf dessen Gehsteig wir entgegen der Fahrtrichtung des Verkehrs nun hinunter gehen. Ein Leuchtpunkt des unterirdischen Münchens soll unser nächstes Ziel sein. Genau unterhalb des **Friedensdenkmals** ist seit 10 Jahren Street-Art vom Feinsten zu erleben **7**. Loomit, einer der bekanntesten Street-Art-Künstler lud 2011 internationale Künstler ein, die Fußgänger- und Radfahrerunterführung zu gestalten. 300 Sprühdosen und 30 Liter

Münchens leuchtende und sich immer wieder wandelnde Graffiti-Passage unterhalb des Friedensengels

Streichfarbe ließen eine einzigartige Galerie temporären Charakters entstehen, die sich immer wieder verwandelt. Die senkrechten Säulen warmen Lichtes gliedern rhythmisch die Flächen. Ursprünglich waren am Werk Light und Markus aus Russland, Stuko aus Japan, Kid Acne und Dotmaster aus England neben den Münchnern Flin und Tonik74, Daim aus Hamburg und Kelp aus Chile.[8]

Treppen führen nach oben zum Friedensdenkmal 8 auf der **Prinzregent-Luitpold-Terrasse**. Die Grundsteinlegung am 1. Mai 1896 erinnerte an das 25-jährige Jubiläum des Friedensschlusses nach dem Deutsch-Französischen Krieg 1870/71. Komponiert wurde das Denkmal von den Künstlern Heinrich Düll (1867–1956), Georg Pezold (1865–1943) und Max Heilmaier (1869–1923). Die Einweihung fand am 16. Juli 1899 statt. Dies war exakt der Tag, an dem 28 Jahre zuvor die siegreichen bayerischen Truppen aus dem Krieg zurückkommend in München eingezogen waren und vom Siegestor Richtung König Ludwig I.-Denkmal von einer Masse Menschen begeistert begrüßt wurden. König Ludwig II. saß damals auf einem mittels Morphium ruhig gestellten Pferd beim Reiterdenkmal seines Großvaters, um die defilierende Parade abzunehmen.[9] Ein schwarzer Tag für einen einsamen Pazifisten.

Auf einer 23 Meter hohen kannelierten Säule, die sich auf einem quadratischen Tempel erhebt, befindet sich die sechs Meter hohe

Siegesparade der heimkehrenden bayerischen Truppen nach dem Krieg gegen Frankreich, Juli 1871

Figur der schreitenden Siegesgöttin Nike. Sie hält in der rechten Hand einen Lorbeerzweig über die Stadt gen Westen, in der Linken eine kleine Statue der Pallas Athene. Auch wenn im zur Stadt gewandten Mosaikfeld des Tempels die Personifizierung des Friedens mit einem Palmzweig dargestellt ist, so drückt der „Friedensengel" unverhohlen den Stolz auf den Sieg über Frankreich aus. Ein anonymer Kritiker hat daher einige Jahre nach der Aufstellung folgende Worte gefunden: „Man setzte auf irgendeinen geschmacklosen Unterbau – natürlich auch in „klassischen Formen" – eine Einzelsäule wie sie in Athen oder Rom entstanden ist vor mehr als 2000 Jahren [...]. Auf das Kapitäl kommt ein Patent-Suppentopf und auf diesem steht eine fliegende Viktoria! Eine ganz und gar vergoldete Siegesgöttin... Leider gehen Wünsche nicht in Erfüllung. Aber ein Riese müßte irgendwoher getappt kommen und diese hier beschriebene Ungeheuerlichkeit ausreißen wie einen hochgeschossenen, bösartigen Spargel!"[10].

„Ganz schön heiß muss der Suppentopf sein", meinte einmal ein Teilnehmer unserer Führung Dichter & Denker in den Maximiliansanlagen, „denn der Friedensengel berührt ja nur mit einer Fußspitze die umgekippte Schüssel."

Bei der Ampel am Europaplatz queren wir die Prinzregentenstraße und schlagen den Fußweg ein durch das letzte Drittel der

Maximiliansanlagen. Er verläuft parallel zur Maria-Theresia-Straße. Nur wenige Schritte entfernt kommen wir zu einem nahezu unbekannten Brunnen 9, der an den Schriftsteller Josef Ruederer (1861–1915) erinnert. Ganz in der Nähe, in der Maria-Theresia-Straße 28, hatte dieser 1907 ein Grundstück erworben und sich vom Architekten Max Langheinrich – übrigens einem Mitglied des berühmten Kabaretts „Elf Scharfrichter" – eine Villa bauen lassen. Die Originalfigur des Knaben mit der Feder wurde vom Bildhauer Eduard Beyrer entworfen und stand 1908 im Garten von Ruederers Dichterdomizil. An den heutigen Aufstellungsort gelangte das Original durch Schenkung an die Stadt München. 1929 wurde der Brunnen in Betrieb genommen. 1944/45 verschwand die Originalfigur. Die jetzige stellte die Gießerei Agostino Zuppa her und setzte sie auf einen Unterbau aus Muschelkalk. Seit 1963 lächelt hier der Knabe wieder, der die linke Hand verschmitzt sinnierend an sein Kinn gelegt hat und die rechte mit der Feder versteckt hinter seinem Rücken hält. Drückt das Wassergeplätscher vielleicht die nächsten satirischen Gedanken aus, die dem kleinen Schreiber durch den Kopf schießen? Ruederer selbst sprühte davon. Als Lektüre empfiehlt sich sein „München-Buch" von 1907. Hier verfolgt er in dem Kapitel „Der Bürger" einen Spaziergang seines Protagonisten von den Arkaden des Hofgartens über den Friedensengel zum Nockherberg. In der fiktiven, namentlich nicht näher bestimmten Figur, von der exemplarisch als von einem „Herrn Maier oder Meier, dem Herrn Huber oder Hueber, dem Herrn Müller oder Miller – wie er nun heisst"[11] gesprochen wird, bringt Josef Ruederer mit Ironie seine

Der Knabe mit der Feder, Figur aus der Gießerei Agostino Zuppa auf einem Unterbau aus Muschelkalk

Kritik an der Profitgier an: „Mächtig regt sich die Sehnsucht in ihm, und so geht er denn die Arkaden hinab, ohne umzuschauen, ohne hinzuhorchen, […] Ein Bekannter ruft ihm zwar im dichtesten Gewühle zu, er solle sich ja den neuesten Grützner ansehen, ‚eine Heidenviecherei', aber der so Beratene geht weiter, immer weiter, die kleine Anhöhe hinunter, vorbei am ehemaligen Palais Royal, die ganze Prinzregentenstraße. Dabei zählt er die Schritte mit und addiert, was er kann. Denn, wenn er noch so zum Anstich drängt, vergisst er auch jetzt, wo er dem Ziele immer näher kommt und den Malzgeruch schon in der Nase zu spüren meint, keinen Augenblick, dass er Geschäftsmann war. […] Selbst entlang dem Englischen Garten kommen ihm äusserst praktische Gedanken. Er sagt sich, wie viel man da profitieren könnte, wenn man die prächtigen Bäume zu Brennholz zerhacken und Häuser an ihre Stelle setzen dürfte, grosse, schöne Zinshäuser mit vier bis fünf Stockwerken, alles in möglichster Eile gebaut, mit besten Bedingungen für Trockenwohner. […] die Hauptsache blieb, dass verdient wurde. Und noch wichtiger, dass man ein Zugmittel fand, was das Viertel beliebt machte, eine Reklame, ein Irgendetwas – was es war: es sollte von sich reden machen, es sollte die Leute herbeitreiben, es sollte dröhnen und scheppern. Weithin musste mans [sic!] vernehmen wie eine Menagerie, einen Zirkus oder –"[12]

Den eingeschlagenen Weg gehen wir wieder vom Brunnen ein Stück zurück bis zur Weggabelung. Biegen wir nun nach rechts ab, erwartet uns ein Schild „Fußweg", wo wir rechts abzweigen und uns nun auf dem Wilhelm-Hausenstein-Weg befinden **10**. Wilhelm Hausenstein (1882–1957) war Historiker und Kunsthistoriker, Übersetzer und Diplomat. Vor allem war er ein vordenkender Vermittler und geselliger Netzwerker zwischen Kultur und Politik, Gesellschaftsgeschichte und Kunstgeschichte, Baden und Bayern, Deutschland und Frankreich. Bei der Frankfurter Zeitung war er Schriftleiter des Literaturblatts und einer Frauenbeilage, in der er als Kunsthistoriker über Kunst schrieb. Am 19. Juli 1936, 13 Tage vor Eröffnung der Olympischen Spiele in Berlin, veröffentlichte er unter seinem Schriftstellernamen Johann Armbruster einen Text über die Frauen von Olympia. Man war neugierig. Schrieb er etwa über die ‚Walküren', die Leni Riefenstahl in Berlin inszenierte? Nein, Hausenstein betrachtete in seinem Text die weiblichen Westgiebelfiguren

"Dialog der Buchen" unterhalb des Wilhelm-Hausenstein-Weges

am Zeus-Tempel in Olympia in Griechenland und forderte damit die Zeitgenossen zur Reflexion auf, welche politischen – demokratischen – Bedingungen eine solche Kunst hervorbringen konnten, und ob von dieser Atmosphäre noch ein Funken zu spüren sei, jetzt im Jahr 1936? Zogen doch die Nationalsozialisten in jenem Sommer in Berlin alle Register der Propaganda, um das neue Deutschland vor internationalen Gästen in Szene zu setzen. Auch mit der Deutung der griechischen Skulpturengruppe, die den Kampf des sagenhaften edlen Volks der Lapithen gegen die Zentauren darstellt, positioniert sich Hausenstein zwischen den Zeilen regimekritisch, indem er jenen als „Kampf von Menschen mit der Barbarei"[13] interpretiert. Gegen den Nationalsozialismus und gegen den Antisemitismus bezog er klar Position. Vehement lehnte er den nationalsozialistischen Begriff „entartete Kunst" ab und weigerte sich die Namen jüdischer Künstlerinnen und Künstler aus seiner Kunstgeschichte (1928) nachträglich zu entfernen. 1943 verlor er durch Ausschluss aus der Reichspressekammer seine Stelle bei der Frankfurter Zeitung, weil er seit 1919 mit Margot geb. Kohn verheiratet war, die aus einer Brüsseler jüdischen Familie stammte. Beide überstanden den Holocaust. Nach dem Krieg bat ihn Konrad Adenauer persönlich, das Amt des Generalkonsuls der neugegründeten BRD in Paris zu übernehmen. Als Geschäftsträger im Anschluss und schließlich erster Botschafter der Bundesrepublik Deutschland in Frankreich steht er an der Wiege der Aussöhnungspolitik von Robert Schuman, Charles de Gaulle und Konrad Adenauer. Er starb am 3. Juni 1957 und wurde auf dem Bogenhausener Friedhof begraben.[14] Befreundet war er mit der Schriftstellerin Annette Kolb, die unweit von hier in der Händelstraße zuletzt lebte. In fast direkter Nachbarschaft zu Wilhelm Hausenstein hat auch sie, die überzeugte Pazifistin, auf dem **Friedhof von St. Georg** ihre letzte Ruhestätte gefunden. Bevor wir

Oase der Erinnerung: Der Friedhof von St. Georg in Bogenhausen

uns dort die Gräber der beiden wie auch Erich Kästners, Oskar Maria Grafs, Liesl Karlstadts, Rainer Werner Fassbinders und vieler anderer ansehen, gibt es noch ein Naturdenkmal zu bestaunen, unterhalb des Hausenstein-Wegs 11 . Zwei Buchen am Abhang ein Stück weiter nördlich sind mit ihrem Wurzelwerk so verflochten, dass man nicht mehr ausmachen kann, welche Wurzeln zu welchem Baum gehören. Beeindruckend! Vielleicht auch ein Bild für die vielen Verwobenheiten menschlichen Lebens?

Auf dem Weg nach Norden ragt bald der schöne Zwiebelturm der Bogenhausener Kirche St. Georg aus den Baumwipfeln hervor. Wenn wir zum Ende des Wilhelm-Hausenstein-Wegs gelangen, kommen wir am **Denkmal für den widerständigen Pater Alfred Delp (1907 – 1945)** vorbei 12 . Der Bildhauer Klaus Backmund (1929–2020) hat sich für ihn, den die Nazis nach seiner Hinrichtung verbrennen ließen und dessen Asche auf den Berliner Rieselfeldern in alle Winde verstreut wurde, von der biblischen Geschichte der drei Männer im Feuerofen inspirieren lassen (Daniel 3,1-30). Diese hatten sich geweigert, ein goldenes Götzenbild anzubeten und wurden auf Befehl Nebukadnezars in den Feuerofen geworfen, dem sie aber unversehrt wieder entstiegen.

Alfred Delp wirkte seit 1939 als Seelsorger in der Pfarrei Heilig Blut in Bogenhausen. Er schloss sich dem Kreisauer Kreis um

Helmuth James Graf von Moltke an. Am 28. Juli 1944 wurde er nach einer Frühmesse in St. Georg verhaftet, da er mit dem gescheiterten Umsturzversuch vom 20. Juli 1944 in Verbindung gebracht wurde. Obschon unbeteiligt an den Vorbereitungen des Attentats wurde er vor dem Volksgerichtshof unter Vorsitz Roland Freislers wegen Hoch- und Landesverrats zum Tod durch den Strang verurteilt. Im Gefängnis hatte er am 6. Januar 1945 mit gefesselten Händen die Zeilen geschrieben: „In diesen Wochen der Gebundenheit habe ich dies erkannt, dass die Menschen immer dann verloren sind und dem Gesetz ihrer Umwelt, ihrer Verhältnisse, ihrer Vergewaltigungen verfallen, wenn sie nicht einer großen inneren Weite und Freiheit fähig sind. Wer nicht in einer Atmosphäre der Freiheit zu Hause ist, die unantastbar und unberührbar bleibt, allen äußeren Mächten und Zuständen zum Trotz, der ist verloren. Der ist aber auch kein wirklicher Mensch, sondern Objekt, Nummer, Statist, Karteikarte. Dieser Freiheit wird der Mensch nur teilhaft, wenn er seine eigenen Grenzen überschreitet."[15]

Nur wenige Schritte und wir sind am Friedhof angelangt **13**. Haben wir am Ende dieser Tour Lust, mit den unsterblichen Gedanken der hier Bestatteten etwas Neues anzufangen?

Anmerkungen

1   Vgl. Wilhelm, Hermann: München Haidhausen. Vorstadt im Wandel der Zeit. München 2009 (4. Aufl.)
2   Diederen, Roger / Valk, Thorsten (Hrsg.): Du bist Faust. Goethes Drama in der Kunst. München / London / New York 2018, S. 61f.
3   Kobell, Franz von: Die G'schicht' von' Brandner-Kasper: Oberbayrisch. Separatabdruck aus den Fliegenden Blättern. München 1872, S. 3.
4   ebd. S. 12
5   Spieldiener, Anette: 150-jähriges Jubiläum der Grundsteinlegung des Maximilianeums. Cultor Magazin 2007, S. 16–17.
6   zitiert nach: Wanetschek, Margret: Grünanlagen in der Stadtplanung von München 1790–1860. Hg. von Klaus Bäumler und Franz Schiermeier. München 2005, S. 198.
7   Häntzschel, Günter und Hiltrud (Hrsg.): Annette Kolb. Werke Bd. 4. Memento 1945–1967. Göttingen 2017, S. 66.
8   Mühlthaler, Gabriele: Graffiti-Kunst unter dem Friedensengel. In: Hallo München. Lokale Wochenzeitung. 19. Mai 2011 (20. Woche), S. 2.
9   Götz, Norbert (Hrsg.): Friedensengel. Bausteine zum Verständnis eines Denkmals der Prinzregentenzeit. München 1999.
10 Karnapp, Birgit Verena: Der Friedensengel über dem Isarufer. Zur Geschichte und Kunstgeschichte des 75-jährigen Münchner Friedensdenkmals. Typoskript eines Beitrags der Sendereihe „Bayern – Land und Leute" des Bayerischen Rundfunks, 14. Juli 1974, S. 16.
11 Ruederer, Josef: München-Buch. Hg. und kommentiert von Walter Hettche und Waldemar Fromm. München 2015, S. 30.
12 ebd. S. 38.
13 Bitar, Kerstin: »Die Kunst in diesem Augenblick«. Wilhelm Hausensteins kunstkritisches und kunstliterarisches Werk. Bonn 2018, S. 102.
14 Werner, Johannes: Wilhelm Hausenstein: ein Lebenslauf. München 2005.
15 zitiert nach: Marx, Reinhard: Freiheit. München 2020 (2. Aufl.), S. 15.

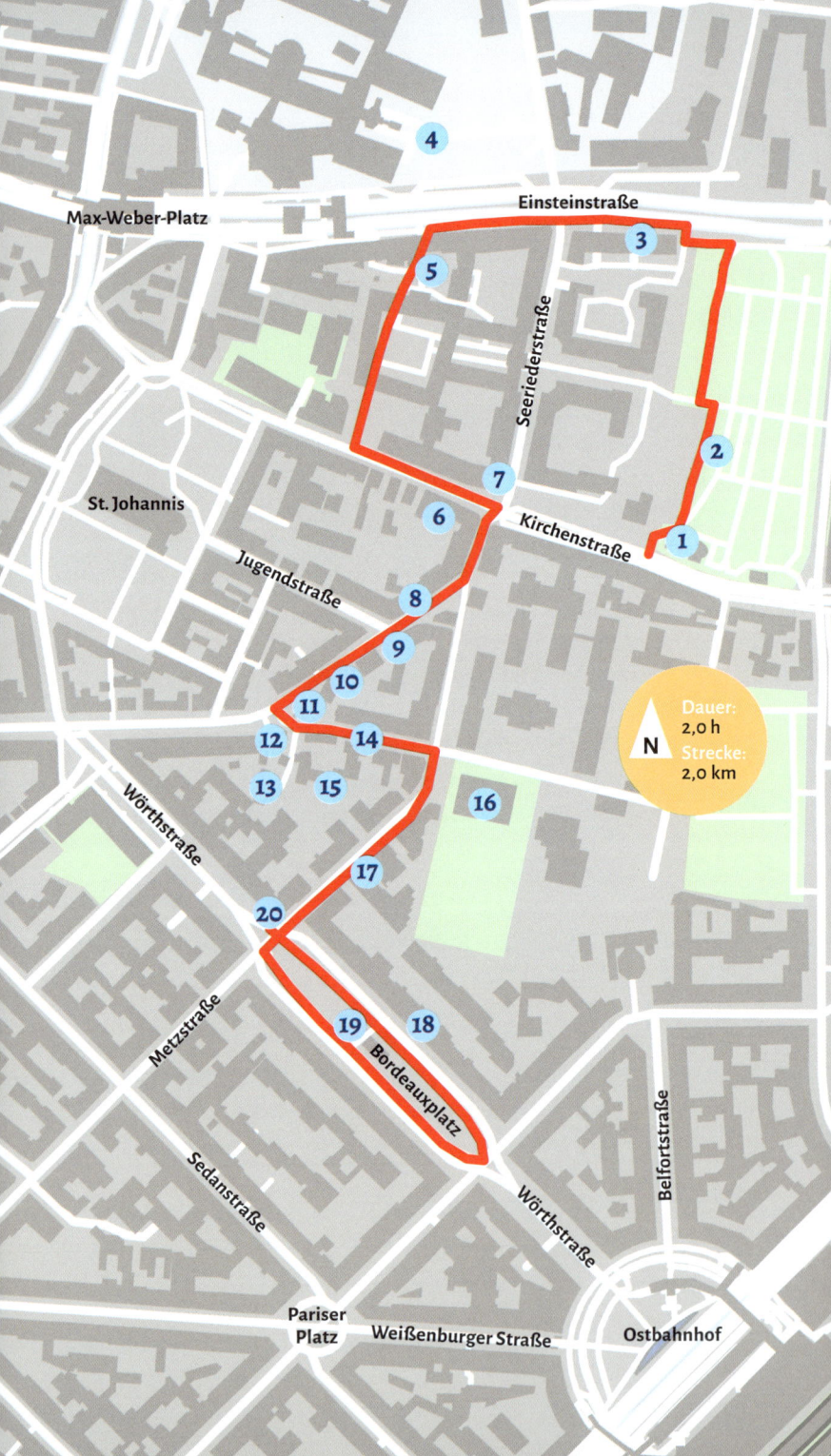

Gabriele Leo Hoffmann

Haidhausen

Es liegt zwischen der Rosenheimer und der Prinzregentenstraße, zwischen Au und Bogenhausen. Im Osten begrenzt durch das Niemandsland von Eisenbahntrasse und Wertstoffhof, im Westen durch die Isar. Auf seinem Grund steht mit dem Müllerschen Volksbad eines der schönsten Hallenbäder der Welt. Es beherbergt das plüschigste Caféhaus außerhalb Wiens. Von seinem Hochufer aus hat man im Winter, wenn die Bäume der Maximiliansanlagen kahl sind, den schönsten Blick auf die Türme der Frauenkirche, des Rathauses und den Alten Peter!

Bis weit in die 70er-Jahre war es ein Glasscherbenviertel mit verfallendem Altbaubestand. Eine Wohnung am Johannisplatz? „Geh' Spatzl, lass uns lieber nach Solln rausziehen!" 33 Jahre währte seine 1976 beschlossene Sanierung. Sie rettete viele Altbauten vor der Abrissbirne der Spekulanten und ließ auf verkommenen Gewerbeflächen detailreich geplanten, sozial verträglichen Wohnraum wachsen. Und so sieht man auf dem Spaziergang vom Friedhof bis zum Bordeauxplatz noch heute eindrucksvolle Spuren von Ziegelabbau und Industrialisierung, von Brautradition, Verkehrswende und (Kunst-)handwerk.

Uraltes Viertel, uralte Geschichte(n)

Das Viertel Haidhausen ist älter als die Landeshauptstadt München, so wie auch die heutigen Stadtteile Giesing alias Gysinga, Schwabing vormals Suapinga, Sendling aka Sentilinga – Ortschaften, die alle im 8. und 9. Jh. beurkundet sind. Erstmals wird „Haidhusir", was soviel bedeutet wie Häuser auf der Heide, am 12. Februar 808 erwähnt, also 350 Jahre vor der Erstnennung von „forum apud Munichen", dem späteren München. Damals erhält der Notar des Freisinger Bischofs Kunde von einem Nachlass: Ein Priester namens Erlaperth hatte sein Hab und Gut einschließlich eines vermutlich hölzernen Kirchenbaus dem Bischof Atto von Freising (+810/811) vermacht. Haidhusir bestand damals aus vier Gehöften an einem Weg, der wohl auf eine Furth in der Isar zulief. Sein Zentrum war nicht, wie viele heute glauben, der Wiener Platz, sondern die Kreuzung der heutigen Kirchenstraße, mit einer Dorfstraße, die seit 1854 nach einem Anwesen mit dem Hausnamen „beim Seerieder" heißt.

Die Johannes dem Täufer geweihte Kirche ①, die um 1700 zum einschiffigen Saalbau umgestaltet wird und ihren Spitzhelm seit 1864 trägt, ist samt ihrem Friedhof ein regelrechtes Infozentrum zur Geschichte des Viertels, das sich dank der Salzstraße, die über die heutige Einsteinstraße und Innere Wiener Straße führt, im Mittelalter rasch ausbreitet und im 18. und 19. Jh. regelrecht explodiert. Der Grund? Die städtische Freiheit lockt die Menschen aus ländlicher Knechtschaft. München mit seiner Herzogsresidenz verspricht Arbeit und Wohlstand. Doch nur wer das Bürgergeld berappen kann, darf

Im Kern romanischen Ursprungs ist bei dem alten Haidhauser Kirchlein nicht geklärt, ob die Schweden es im 30-jährigen Krieg tatsächlich zerstörten. Wer von der Treppenanlage aus dem Jahr 1776 nach Westen Richtung Isar sieht, erblickt rechts eine Grünfläche. Dort lag neben dem „Kirchplatz" der Dorfweiher von „Haidhusir".

sich innerhalb des Burgfriedens niederlassen. Die Armen siedeln in selbst gezimmerten Holzhäusern im Überschwemmungsgebiet des Flusses oder über seinem von Quellen durchzogenen Prallufer. Wer kann, arbeitet tagsüber in der Stadt, als Hilfsarbeiter, Tischler und Schreiner am Bau, als Dienst- oder Schenkmagd, als Fuhrmann, als Knecht. „Haidhusir" selbst bietet Arbeit für Tagelöhner, für Wäscherinnen und Korbflechter, für Loderer, die aus Schafwolle wasserfestes Gewirk walken, für Kistler, Pinselmacher, Lumpensammler, die die nahe Papiermühle in der Au beschicken – lukrativ ist anders. Alt werden die wenigsten, wie man einem Grabkreuz links der Treppenanlage zur Kirche entnehmen kann. Der erste Lehrer von Haidhausen, „Franziskus Pabenstuber, Ludimagister" starb 1689 mit nur 34 Jahren.

An viele Namenlose erinnern zwei Cholera-Kreuze rechts der Treppe: Erstmals bricht die durch das Bakterium „Vibrio cholerae" ausgelöste Infektionskrankheit im August 1836 aus. Insbesondere in der Au, Haidhausen und Giesing fordert diese „Brechruhr" viele Tote. Warum ist das so? Weil man in den kleinen, ein- bis zweigeschossigen Häuschen wie sie in der Kirchenstraße 48 bis 60 noch heute stehen, viel zu eng aufeinander wohnt.

Info: **Das Bruchteilseigentum**
Nach 1789 erlauben Reformen des Besitzrechts erstmals „Bruchteilseigentum". Unter diesem Recht dürfen Arbeiter und Handwerker gemeinsam Häuser bauen, die sie in Stockwerk- oder Gelasseigentum aufteilen. Jede dieser „Herbergen" hat ihren eigenen Zugang über Treppen oder Galerien. Der Vorläufer der Eigentumswohnung ist geboren. Um 1822

zählt man in der Hofmark Haidhausen insgesamt 232 Häuser mit 798 Herbergen und etwa 4.000 Einwohnern. Vielköpfige Familien hausen in einem Raum mit angeschlossener Küche. Viele vermieten ihr Bett schichtweise an „Einschläfer" oder „Bettgeher". Alle Hausbewohner teilen sich die Wasserpumpe im Hof und das Plumpsklo über der Sickergrube daneben, so wie hier in Wolfgang- / Ecke Jugendstraße. Strom? Heizung? Hygiene? Nicht vorhanden! Die Hangquellen der Isar, aus denen Haidhauser und Münchner ihr Trinkwasser schöpfen, werden zum Krankheitsherd.

Während der „Ersten Allgemeinen Deutschen Industrieausstellung" im Glaspalast im Alten Botanischen Garten, breitet die Cholera sich im Juli 1854 ein weiteres Mal aus. Bis Ende August sterben 1.500 Menschen. Zum Entsetzen der Wiesn-Wirte sagen die Behörden das Oktoberfest ab. Ende September feiert man das Erlöschen der Epidemie mit einem Dankgottesdienst. Zu früh! Die Krankheit greift erneut um sich. Diesmal holt sie auch Königinmutter Therese (+26.10.1854), die Gattin des abgedankten Königs Ludwig I. Zwischen 3.000 und 9.000 Opfern schwanken die Todeszahlen, als die Seuche, die auch in London und Wien grassiert, im Winter erlischt. Es ist Thereses Enkel zu verdanken, dass die Stadt bis 2020 von Epidemien verschont bleibt: Auf Anraten des Hygienikers Max von Pettenkofer lässt Ludwig II. ein modernes Kanalnetz aus doppelt gebrannten Ziegeln planen. Es ist bis heute in Betrieb. Pettenkofer regt auch den Bau der Wasserleitung ins Mangfalltal an, aus dem München seit 1883 sein gutes Trinkwasser bezieht.

Bei der „Lokal-Industrie-Ausstellung" 1869 präsentiert die Firma Huber „ein Kästchen mit 24 Sorten Carmin, Carminlack, Krapplack, grünen, blauen, braunen und gelben Lacken." In seiner Farbenfreude erinnert das Grabmal daran. Was man nicht sieht: Michael Huber war auch langjähriger Gemeindevorsteher Haidhausens.

Auf Lehm gebaut

Steter Zuzug bedingt die stetige Erweiterung des 1315 erstmals erwähnten Haidhauser Friedhofs. Er wächst nach Norden, bis er in der zweiten Hälfte des 19. Jhs. seine Mauer aus rohen Backsteinen erhält. Auf den heute 4.600 Grabstellen unter dem alten Baumbestand, in dem sich Eichhörnchen, Spechte, Kleiber und Schwanzmeisen tummeln, stehen vielfach noch imposante Grabmäler aus dem 19. Jahrhundert. Sie erinnern an die Großkopferten des Viertels: Viktualienhändler, Sattler und Wagenfabrikanten, Kaminkehrer- und Hafnermeister, Seifenfabrikanten und Großkaufmannswitwen. Besonders auffallend ist das an der Westmauer lehnende, mit bunten Mosaiken im geometrischen Jugendstil gestaltete Familiengrab der Farbfabrikanten Huber **2**. Ihre Fabrik an der Ecke Kirchen-/Elsässerstraße ist heute ein Wohnblock, dem man die Entstehungszeit 1911 noch ansieht. In den Anlagen dahinter, die sich bis zur Grillparzerstraße zogen, wurden die „Münchner Lacke" produziert. Sie hatten Weltruf. Seit 2006 zieren pastellfarbene Wohnblöcke das ehemalige Firmengelände. Ein Michael-Huber-Weg erinnert dort an den Fabrikanten.

Verlässt man den Friedhof über seine Nordwest-Treppe an der Einsteinstraße, fällt auf, wie tief die umgebende Stadt liegt. Eine Lehmzunge, die sich von Ramersdorf bis Ismaning zog, wurde beginnend mit dem 14. Jh. vollständig abgebaut. Der Friedhof aber war älter. Seine Totenruhe durften die allmächtigen Münchner „Loambarone" nicht antasten.

Info: „Ohne Lehm dat's München net geb'n"

Die letzte Eiszeit endete vor gut 10.000 Jahren. Sie hinterließ eine etwa 15 km lange, bis zu 3 km breite Lößschicht am Isarhochufer. Druck und Feuchtigkeit wandelten den Löß zu Lehm. Dieser Lehm wurde gestochen, zu Ziegeln „geschlagen", die in Stadeln trockneten und dann gebrannt wurden. Dach- und Mauerziegel waren ein begehrter Baustoff, den die Münchner freilich gerne mit Lüftlmalerei überdeckten. Die Ausnahme? Das Wahrzeichen von München, die Frauenkirche! Für den Bau der riesigen Hallenkirche (1468 – 1488) pachtete der Stadtmaurermeister Jörg von Halspach zwei Ziegelstadel in Haidhausen. Ab 1830 wuchs München derart rasant, dass immer mehr Ziegeleien die Lehmzunge bis 1945 komplett „abziegelten". Wer diesen stadttypischen Baustoff heute verwendet, muss ihn von weither holen.

Historisierende Formen als Sichtschutz vor modernen technischen Bauten. Heute hält der steinerne Schaffner an der Ostecke seine Kelle für die Linie 19, Pasing – Berg am Laim, hoch. An der Westecke geht eine Trambahnschienenritzenreinigerin mit langem Stecken ihrer schlecht bezahlten Arbeit nach.

„Ein Wagen von der Linie 8 …"

Der denkmalgeschützte Block der Einsteinstraße 54 bis 62 ❸, geplant von den Stadtbauräten Beblo und Meitinger, beeindruckt durch seine geschwungenen Giebel und die beiden überhohen Durchfahrten. Er entsteht 1926 als Kopfbau für den Betriebshof 2 der Tram. 80 Dreiwagenzüge fahren von dort aus zu ihren Einsätzen.

Nach 37 Jahren legt man diesen Betriebshof still, doch auch heute wohnen noch Straßenbahner in den 55 Wohnungen dieses Blocks. Sie haben es nah zum aktuellen Betriebshof 2 an der Einsteinstraße/ Ecke Richard-Strauß-Tunnel. Im Rahmen der „sozial orientierten Sanierung", die der Stadtrat für das Armeleuteviertel Haidhausen beschlossen hatte, wuchsen in den 80ern neue Wohnungen, wo man früher Trambahnen wartete, parkte und wendete.

Krank im Kaffeehaus

Wo sich auf der Straßenseite gegenüber heute Gebäudekomplexe mit dem blauen Logo „MRI" hinziehen ❹, hatte man Kies abgebaut. In der aufgelassenen Kiesgrube errichteten Handwerker und Tagelöhner ihre Herbergen. 140 Stück waren es, verteilt auf 37 verwinkelte Häuser. Es herrscht drangvolle Enge, eine Krankenversorgung gibt es nicht. Die entwickelt schließlich der Haidhauser Armenarzt Dr.

HAIDHAUSEN → **TOUR 06**

Von 36 auf 1.161 Betten – mit immer neuen Bauten verdrängte das Krankenhaus diese Herbergen „in der Grube" zwischen Ismaninger-/ und Einsteinstraße. Die letzten verschachtelten Häuschen mussten der Versorgung des Münchner Ostens mit modernster Medizin in den 1960er-Jahren weichen.

Winterhalter. Als 1834 „In der Grube" ein Kaffeehaus „auf die Gant", also zur Versteigerung kommt, richtet er darin eine Armen- und Krankenversorgungsanstalt mit 36 Betten ein. 216 Bedürftige können hier versorgt und verarztet werden. Die Kosten? Zehn Kreuzer im Monat. Für Mittellose springt die Armenpflege ein. 1840 übernimmt der Orden der Barmherzigen Schwestern das Haus und führt es 130 Jahre lang. Aus dem Kaffeehaus entwickelt sich ein international renommiertes Klinikum mit 33 Abteilungen, 17 Instituten, Forschungszentren, Hubschrauberlandeplatz etc., das „Klinikum rechts der Isar".

„Der Schülein hat die Kinder so gern mögen",

erinnerte sich eine Haidhauser Zeitzeugin. Am Durchgang der Nr. 42 hängt eine Tafel zum Gedenken an den Bankier und Brauereibesitzer. Josef Schülein erwirbt das Anwesen mitsamt dem bankrotten „Fügerbräu" 1885. Seine „Unionsbrauerei Schülein & Co" expandiert schnell: Sie übernimmt die Münchner Kindl-Brauerei mit ihrem weiten Netz an Gasthäusern und dem Münchner Kindl-Keller an der Rosenheimer Straße, wo heute das Motorama-Einkaufszentrum auf

Sanierung seiner hässlichen Hülle harrt. 1919 leitet Schüleins Sohn Hermann die Fusion mit der Aktienbrauerei Löwenbräu ein. Oft heißt es, Löwenbräu hätte Unionsbräu geschluckt. Falsch: Hermann Schülein, der ab 1924 als Generaldirektor des neuen Unternehmens amtiert, hatte sich für den zugkräftigeren Markennamen entschieden. 1921 fällt auch das Bürgerliche Brauhaus mit dem Bürgerbräukeller und der Menterschwaige an Löwen(Unions)bräu.

Die Nationalsozialisten geifern schon früh gegen das „Judenbier". Nach der Machtergreifung 1933 zwingen sie Josef Schülein aus dem Aufsichtsrat des Löwenbräu. Er geht in die innere Emigration auf sein Gut Kaltenberg, wo er 1938 stirbt. Fünf seiner Kinder gelingt die Ausreise über die Schweiz in die USA. Seinen Sohn Fritz nehmen SA-Männer während der Reichspogromnacht in „Schutzhaft" und internieren ihn im KZ Dachau. Nach seiner Freilassung gelingt ihm die Flucht nach New York, wo sein Bruder Hermann bereits als Directing Manager der Liebmann Breweries arbeitet. Für die Rückgabe ihres „arisierten" Familienbesitzes Kaltenberg müssen die Schüleins bis 1949 kämpfen. Dennoch unterstützt Hermann Schülein den Wiederaufbau der Stadt München.

> **Info: Wohltäter bis heute**
> Die Freigiebigkeit Josef Schüleins erschöpft sich nicht in der jährlichen Firmpatenschaft für 50 Haidhauser Kinder, die er einkleidet, beschenkt und bewirtet. In Berg am Laim stiftet er eine Reihe von Grundstücken zum Bau einer Arbeitersiedlung. In der Mitte trägt ein Platz samt Brunnen seinen Namen, bis die Erfüllungsgehilfen der Nazis ihn 1933 in „Halserspitzplatz" umbenennen. Seit August 1945 heißt er wieder Schüleinplatz. Seither lächelt der Mälzerbub über der Brunnenschale.

Die MGS – gescholten und geliebt

Am ehemaligen Sudhaus von Schülein & Co vorbei führt ein Weg geradeaus durch zwei Höfe zur Kirchenstraße **5** . Wo heute lichte Wohnungen über einem Kindergarten, einer kunsttherapeutischen Einrichtung und einer Physio-Praxis liegen, zogen sich bis in die 90er-Jahre dunkle Werkshallen, in denen sich 37 Trödler zu einem Dauerflohmarkt niedergelassen hatten. Hier wurde geschreinert, geschweißt, abgelaugt. Geöffnet täglich ab mittags, außer sonntags. So mancher Münchner erstand hier den Bauernschrank fürs Ess-

Eine zweite Schülein-Gedenktafel am ehemaligen Sudhaus. Wo früher kupferne Braukessel blitzten, bildete eine private Akademie bis 2017 Graphiker und Web-Designer aus. Seitdem steht das Gebäude, das der Stadt München gehört, leer. Es gibt scheint's mehr als genug Platz in der Landeshauptstadt!

zimmer, das getunte Mofa, die Brille aus den 20ern, ein Vaterland-Radl oder die Espressomaschine made in Italy.

Die Münchner Gesellschaft für Städtebau, MGS, macht diesem bunten Treiben ein Ende. Auf 56 Hektar setzt sie das Bund-Länder-Städtebauförderungsprogramm in die Tat um. Haidhausen wird zum Renovierungsgebiet. Vieles muss weichen, vieles aber wird dank einer sozial ausgerichteten Baupolitik auch erhalten, nicht nur der erschwingliche Wohnraum, sondern auch die vier hohen Gewölbekeller unter den Höfen. „Einstein Kultur" bietet hier Platz für den renommierten Jazzclub Unterfahrt und das Kinderkino KiM. Es stellt außerdem Bühnen für Musik- und Theatergruppen, Performances und Räume für Ausstellungen bereit. Kultur statt Trödel – keine schlechte Entwicklung, bedenkt man, dass schon Liedermacher Reinhard Mey im Unionsbräu auftrat, zu einer Zeit als es „Song Parnass" hieß und die Abendgage 10 Mark betrug.

Das Museum zum Viertel

Ursprünglich lag in dem klassizistischen Gebäude in der Kirchenstraße 24 eine Bäckerei und Melberei, eine Mehlhandlung. 1977 gründen Haidhauser Geschichts- und Kulturinteressierte in dem Ladengeschäft ein Stadtteilmuseum 6 . Mit dabei Kurator Hermann Wilhelm, der das Museum noch heute leitet. Unterstützt vom Kulturreferat hat er weit über 100 Ausstellungen bestritten, zu Themen wie „Der Bau des Ostbahnhofs und das Franzosenviertel"

Behutsam fügt sich der Neubau einer Kinderkrippe an das Haidhausen-Museum. Geschickt hat die MGS den Auftrag der Stadt umgesetzt: Sie hat (Kriegs-)lücken geschlossen, Kindergärten und behindertengerechte Wohnungen geschaffen, grüne Hinterhöfe angelegt, Hausbesitzer bei der Renovierung unterstützt und die für Haidhausen typischen Herbergen erhalten.

und zu Haidhauser Familien, wie der Fotografendynastie Stuffler. Dutzende von Büchern hat der Heimatforscher publiziert, er hat Initiativen wie die „Experimentelle Musik" oder die „Haidhauser Literaturwerkstatt" unterstützt, die inzwischen längst auf eigenen Beinen stehen und das Viertel weiterhin prägen.

Vom Bauernhof zum Paradegriechen

Schon im Mittelalter steht am Westrand des ehemaligen Kirchplatzes, links der Kreuzung ein Hof samt Einkehr- und Übernachtungsmöglichkeit für Reisende. Die Schankgerechtigkeit hält der Lenzbauernhof seit 1822, wenn auch heute eher für Retsina und Ouzo als für Bier 7 . Die Denkmalliste verzeichnet das Haus mit dem imposanten Doppelbalkon als „schlicht Neurenaissance, um 1870". Vergessen ist, dass nach dem Krieg hier ein Jazzclub namens „Cool Castle" die Verbrüderung mit den GIs beschleunigt. In den 60ern folgt das „Birdland", ein stadtbekannter Blues- und Soul-Club. Seit 1991 füllt die Taverne Paros griechische Küche in Haidhauser Mägen. Ihre Wein-Flatrate ist legendär, benötigt aber ein Hauptgericht als Grundlage!

Schreiner, Schlosser, Maler und ein Wanderhof

Die Wolfgangstraße, benannt nach einer längst abgerissenen Kapelle, bietet noch Hinterhöfe für alteingesessenes Handwerk 8 . Die Schreinerei, die seit 1999 „Birnbaumblau" titelt, besteht in der Nr. 17 seit der Nachkriegszeit. Schräg gegenüber bebildert ein Grafitto die Geschichte der 9 Schlosserei Dopfer: Schon 90 Jahre schmie-

HAIDHAUSEN → **TOUR 06**

Ein Blick zurück: Rechts die Wolfgangstraße Nr. 4, die heute einen kleinen Vorgarten hat, davor die Nr. 6. Auf der linken Straßenseite im Anschnitt der Eingang zur Nr. 5, ein dreigeschossiger neubarocker Mansarddachbau mit Zwerchhaus und reicher Stuckgliederung, errichtet um 1890.

den die Dopfers, nun in der 4. Generation, Türen, Geländer, Zäune und Stahlskelette für Bauten. In Haidhausen werken sie seit 1954.

Auf Nr. 6 windet sich das schmalste „Trottoir" Münchens um ein Herbergsensemble mit winzigen Gärtlein, das wie sein Nachbar, der dreigeschossige Satteldachbau, seit 1800 hier steht **10**. Wer die Vorder- und Seiteneingänge zählt, kann hochrechnen, wie viele „Bruchteilseigentümer" hier ursprünglich hausten.

Auf den Bänken am Haferlbrunnen fühlt man sich wie im Gebirge: Mit seinen umlaufenden Lauben und Holzbalkonen gemahnt der zweigeschossige Blockbau mit Scharschindeldach an einen alpenländischen Bauernhof. Doch der Kriechbaumhof **11** war seit seiner Entstehung im 16./17. Jh. ein Herbergsanwesen. 1976 wurde er an seinem historischen Standort vor der Walserstraße abgetragen und wanderte, zerlegt in Einzelteile, in ein Lager. Neun Jahre später ließ sich das Haus mit dem imposanten Halbwalmdach an diesem Platz nieder.

Das Üblacker Häusl – eine Herbergenmuseumsgaleriensehenswürdigkeit

Aus eins mach viel! Diese Kunst beherrschen die Haidhauser, seitdem sie ihre Betten an „Einschläfer" (heute Airbnb) vermieten. Sie zeigt sich besonders an der Nr. 58, einem Erdgeschossbau unter

Passend zur eigenen Wanderlust beherbergt der hölzerne Kriechbaumhof im Hintergrund links heute die Jugendorganisation des Deutschen Alpenvereins. Rechts das Üblacker Häusl, das 1980 den Aufstieg von der Herberge zur Kunstgalerie geschafft hat.

Satteldach mit Gauben, einem der ersten gemauerten Häuser der Vorstadt 12 . Das Münchner Stadtmuseum hat es zum Herbergenmuseum erkoren: Mit fetten Plumeaus, Kohlenschütte und Emailgeschirr sehen Schlafzimmer und Wohnküche aus wie um 1900, als wären die Häusler nur eben ein Bier holen. Im Ziegenstall hinter der Küche betreibt der Verein „Freunde Haidhausens e.V." eine Galerie mit immer wechselnden Arbeiten aus der Münchner Kunstszene.

Der Weg rund ums Häusl führt am Malergeschäft Anjo vorbei. Dass Antje und Johannes Hajer Spezialisten in denkmalgerechter Altbausanierung sind, sieht man ihrem Haus an: Sie erstanden es im „Herbergenprogramm" in den 90ern als Ruine. Um die maroden Häuser zu retten, bot die Stadt das Vorkaufsrecht erst den Bewohnern, dann Handwerkern aus Haidhausen an. Die Bedingung? Ordnungsgemäße Restaurierung. Von hohen Gebäuden eingekesselt kauert am Ende des Pflasterwegs ein Hä(u)schen in der Grube 13 . Waren Lehm und Kies abgebaut, war der Boden wegen des hohen Grundwasserspiegels wertlos. Dann durften Arbeiter ihn kaufen und bebauen. Den gelben Flachbau „über" dem Häuschen, ehemals eine Werkstatt, beleben Hortkinder.

Wie das kleine Haus hat auch der Kirschbaum davor schon viele begehrliche Blicke geerntet. Der Bezirksausschuss von Haidhausen verhinderte den Abriss so mancher Herberge und die Haidhauser gingen für die Kleinode auf die Straße!

„Eine gewisse Bullerbühaftigkeit" ...

bescheinigte die SZ der Preysingstraße 14 . Wer durch den Herbergenhof schlendert, den sich ein städtischer Kindergarten mit einer Glasgestalterin, einer Keramikmeisterin und einer bildenden Künstlerin teilt, betritt eine höchst aktive Idylle 15 . Frisches, Modernes, Experimentelles in Sachen Kultur bietet der Hof seit 2005: Von hier ging die Initiative zur Kulturbiennale „Obacht!" aus. Alle zwei Jahre präsentiert Haidhausen seinen künstlerischen Output jeweils Mitte Mai. Dann ist ganz München im Viertel zu Gast, um Kunst zu sehen, zu hören, zu kaufen – von wegen „Puppenstubenhaftigkeit". Die Ziegenskulpturen im Künstlerhof erinnern daran, dass die Herbergler viel Kleinvieh hielten – Hühner, Kaninchen, Ziegen. Ziegenmilch brachte gutes Geld, wenn man sie den Innenstädtern am Viktualienmarkt euterwarm anbot.

Stopp! Durchgang verboten!

Ginge es nach dem Reichsgrafen Johann Maximilian II. von Preysing-Hohenaschau (1643–1718) verböten Schlagbäume den Spaziergang zum Ende der Preysingstraße. Denn es war bis 1840 eine Privatallee,

163 Jahre, von 1840 bis 2003, sorgten Ordensfrauen hier für die Ausbildung junger Mädchen: Auf die Schwestern vom Guten Hirten folgten die Dominikanerinnen von Niederviehbach.

die vom „gachen Steig" hinauf zum Sommerschloss und dem im französischen Stil gestalteten Park derer von Preysing führte. In diesem Jahr erwerben die Frauen vom Guten Hirten aus Angers an der Loire das einstige Preysingschloss für 14.000 Gulden. Wie, Klosterschwestern? Die Klöster werden doch von König Max I. Joseph in der Säkularisation geschlossen, als Bayern 1806 zum Königreich von Napoleons Gnaden aufsteigt!? Ja und nein. Ludwig I. hatte sich schnell ausgerechnet, wie teuer der Monarchie die Sozial- und Bildungsarbeit der Klöster kam und daher neue Niederlassungen erlaubt. Löbliches Ziel der Schwestern vom Guten Hirten: „Sittlich zu Schaden" gekommene Mädchen auf den rechten Weg zu bringen. Schützlinge gibt's en masse! Neue Räume müssen her. Um 1908 lassen die Ordensfrauen vom Architekten Korbinian Schmid ein Fürsorgeheim für 180 Zöglinge errichten. 1967 wandelt sich die historisierende Dreiflügelanlage mit den seitlichen Giebelbauten zum Edith-Stein-Mädchengymnasium **16**. Seit 2019 dürfen auch Jungen es besuchen. Leider wird dem gemeinen Haidhauser zeitgleich der Zugang zu diesem Besitz der Erzdiözese München-Freising verboten. Dabei wachsen dort in Obsthainen Äpfel, Birnen und Pflaumen, die nun niemand mehr aufliest.

Info: Hinter hohen Mauern
Hinter dem geschwungenen Torbogen der Preysingstraße 83 bis 105 betreibt das Erzbistum München-Freising die zweitgrößte Bildungseinrichtung der römisch-katholischen Kirche in Bayern. Neben dem Edith-Stein-Gymnasium steht seit 1971 die staatlich anerkannte Romano Guardini-Fachoberschule für Sozialwesen auf dem Gelände. Weiterführend bietet die Katholische Stiftungshochschule 2.400 Studienplätze für Bachelor-

und Masterabschlüsse in pädagogischer Ausbildung, Sozial- und Pflegeberufen. Zugleich hat die zweizügige Franziskus-Grundschule seit Herbst 2019 ihren Betrieb aufgenommen. Im Hallenschwimmbad mit seinem Blick auf eine Obstwiese lernte ein Gros der Haidhauser Kinder, egal welcher Konfession, erfolgreich über Wasser zu bleiben.

Das Franzosenviertel

heißt so nach seinen Straßennamen: Metz- und Wörthstraße, Weißenburger Platz, Balan- und Bazeillesstraße erinnern an Schlachtorte und Eroberungen der deutschen Armee im Krieg gegen Frankreich 1870/71. Bei Sedan z. B. nehmen deutsche Soldaten im September 1870 Kaiser Napoléon III. mit 100.000 seiner Soldaten gefangen. Was liegt näher, als diese militärischen Triumphe in dem neuen Stadtviertel zu verewigen, das der Geschäftsmann Baron Carl von Eichthal ab 1870 hochziehen lässt? Eichthal, der Gründer der Bayerischen Hypothekenbank, gehört zur „Ostbahnhofgesellschaft". Im Wissen, dass der neue Bahnhof Industriebetriebe und damit Arbeiter anziehen würde, kauft er das Ackerland von „der Lüften", der heutigen Rosenheimerstraße, bis hin zum Kloster der Schwestern zum Guten Hirten billig auf. Die Schwestern weigern sich zu verkaufen. Daher scheitert der Bebauungsplan des Oberbaurats Arnold von Zenetti, der die Hauptstraßen im Stil der französischen Barock-

Der Architekt von Maximilianstraße und Maximilianeum, Friedrich Bürklein, plant den Ostbahnhof im Stil der Neorenaissance. Aus Ziegeln versteht sich. Beim „Wiederaufbau" 1985 werden die letzten Rundbögen abgerissen und durch gesichtslose Hässlichkeit ersetzt. Zum Glück verbergen die Bäume am Bordeauxplatz das Elend fast ganzjährig hinter Grün.

klassik als drei Strahlen durchs Viertel legen wollte: Die Belfortstraße versickert vor den Klostermauern.

In Richtung der als Symmetrieachse festgelegten Wörthstraße führt die fast gänzlich unter Denkmalschutz stehende Metzstraße **17** mit ihren Eckerkern in Fachwerkbau (Nr. 42), mit Marienbildern auf Neubarock (Nr. 36), mit Mittelerkern in Maßwerkdekor (Nr. 35), in Neurenaissance (Nr. 34), in Neubarock mit reichem Stuckdekor samt Madonna im Zwerchgiebel (Nr. 31) und wieder Neurenaissance mit Jesusrelief (Nr. 30). Viele der zwischen 1888 und 1900 entstandenen Fassaden wurden 2020 renoviert. Sie unterstreichen das Urteil des Münchner Baureferats: „Das ab 1870 angelegte Ostbahnhofviertel ist das bedeutendste Beispiel des geometrischen Städtebaus der Gründerzeit in München."

Der friedliebende Bordeauxplatz

Zenetti betonte die als Boulevard angelegte Wörthstraße, die auf den „Braunauer Bahnhof" des Architekten Friedrich Bürklein zuläuft, mit einem Platz samt Brunnen. Anders als sonst im Franzosenviertel steht sein Name für Frieden: Er bekommt ihn zur Feier der Städtepartnerschaft München-Bordeaux 1976. Seit 1929 sprudelt in seiner Mitte die Fontäne des „Brunnens jagdbarer Tiere" zwischen Steinbock, Eber, Rehbock und Widder aus Muschelkalk **18**. Die prangenden Fassaden der vier- bis fünfgeschossigen Blockbebauung verbergen im 19. Jh. Mietskasernen mit um lichtlose Hinterhöfe angeordneten, winzigen Wohnungen: WCs und fließend Wasser auf dem Gang. Vielfach ist die Bauqualität derart erbärmlich, dass Eichthals Käufer, die späteren Vermieter, von den Verträgen zurücktreten. Seine Rechnung geht dennoch auf: Der neue Bahnhof, bald Hauptumschlagplatz für den Handel über den Brenner, bringt Rohstoffe und Halbfabrikate in den Münchner Osten. Nahrungsmittelhersteller, Brauer, Maschinenbauer lassen sich in Haidhausen nieder und ziehen Arbeitermassen an. Um 1900 leben zwei Drittel der Münchner direkt oder indirekt von der Industrie.

„Kein Mensch könnte mehr beten! – Famos!"

In die Wörthstraße 35 **19** zieht 1901 der Wiesbadener Komponist Max Reger. Seine von Brahms und Liszt inspirierten „Orgelsachen" finden in der Nachfolgerin des Alten Haidhauser Kirchleins, der

HAIDHAUSEN → **TOUR 06**

2019 ließ Ludwig Neulinger den ehemaligen Glanz des Café Reichshof samt Stuckornamenten, Leuchtern und reichlich Vorhängen wiederaufleben. Zum Export in andere Stadtviertel empfehlen sich sein Nussbrot und sein „Genetztes", ein säuerliches Weizenmischbrot mit goldener Knusperkruste.

Kirche St. Johann Baptist am Johannisplatz, keinen Beifall. Angeblich stört seine dramatisch aufbrausende Spielweise die Andacht. Man entzieht ihm die Orgel-Erlaubnis.

Ein anderer Haidhauser Künstler erhält da mehr Zuspruch: In der Weißenburger Straße 28 absolviert ein gewisser Valentin Ludwig Fey aus der Au beim Meister Hallhuber eine Schreinerlehre. Im neubarocken Eckbau der Wörthstraße 17, damals ein Billardsalon, bestreitet er seine ersten kabarettistischen Auftritte. Der Sprachanarchist macht als Karl Valentin Karriere zwischen Wien, Zürich, Berlin, Film und Funk.

50 Jahre lang sandte dann eine Backstube ihren Duft aus dem roten Haus mit den weißen Scheitelmasken über den Fenstern in die Straßen. 2019 verlegte Ludwig Neulinger, Spross einer Niederbayerischen Bäckerdynastie mit Mehl in den Adern, die Backstube nach Sendling. Sein Bio-Mehl bezieht er aus der ältesten Mühle der Stadt: Der Kunstmühle Jakob Blum hinterm Hofbräuhaus. Geht's münchnerischer? Nein – deshalb ist das Café Reichshof auch das perfekte Ende einer Haidhausen-Tour [20].

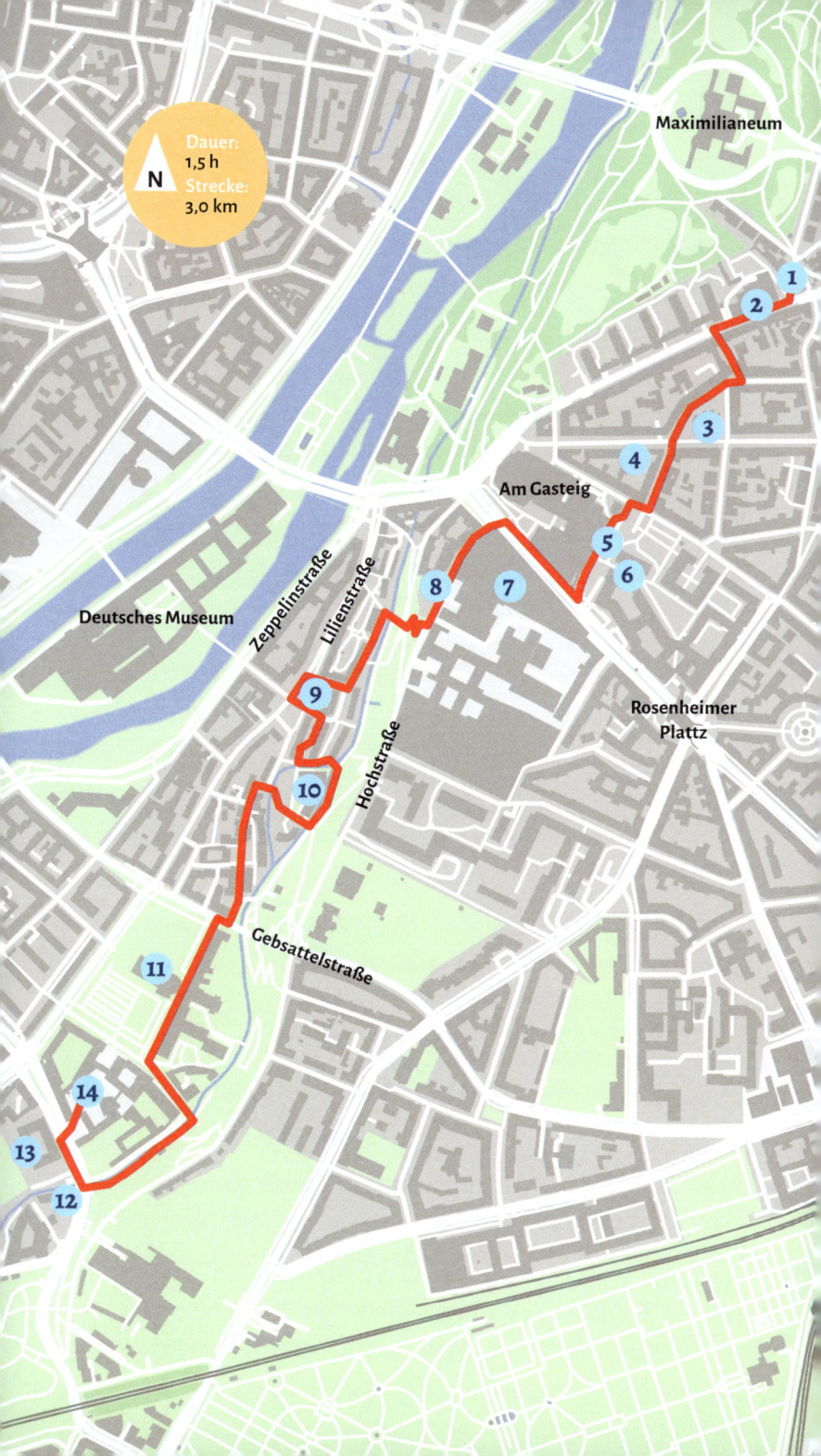

Astrid Assél, Christian Huber

Münchens Bierberge

Unsere Lieblingstour mit Geschichte und Geschichten rund um Münchens Bier und seine Brauer beginnt in Haidhausen am Wiener Platz, führt über den Gasteig- und Lilienberg hinunter zum Auer Mühlbach und endet am Fuß des Nockherbergs. Es ist nicht nur ein landschaftlich reizvoller Weg, auf dem es einiges zu entdecken gibt, sondern auch eine Reise durch ein vergessenes Kapitel Münchner Stadt- und Braugeschichte. Doch für den Aufmerksamen hat diese Geschichte Spuren hinterlassen, sei es im Stadtbild oder in Straßennamen – und auch an Orten des Gedenkens begegnen wir ihr.

Der **Wiener Platz** 1 , Ausgangspunkt unserer Lieblingstour, ist ebenso lebendig wie vielfältig. Fast mutet er ein wenig dörflich an mit seinen Markthäuschen und dem Maibaum; und während an der nordöstlichen Ecke am Eingang zu dem kleinen Tal „An der Kreppe" zwei urige Herbergshäusl aus dem frühen 19. Jahrhundert stehen, wird die westliche Seite von einem großen Bau im Stil der Neorenaissance dominiert, der Ende des 19. Jahrhunderts entstand: der **Hofbräukeller.** Der dahinterliegende lauschige Biergarten mit den großen Kastanienbäumen ist einer der größten auf Münchner Stadtgebiet. Das einladende Gläserklirren, das aus dem Biergarten dringt, übt eine magische Anziehungskraft aus und lenkt unsere Schritte Richtung Eingangstor - voller Vorfreude auf eine Brotzeit

Wiener Platz 1928, im Hintergrund der Hofbräukeller

und ein frisches Weißbier vom Hofbräu, um die Tour gebührend einzuläuten.

Das Betreten des Biergartens bringt uns jedoch nicht nur dem Genuss näher, sondern öffnet gleichzeitig auch eine Tür in die Vergangenheit: Rechts neben dem Durchgang fällt unser Blick auf eine Gedenktafel, die dort angebracht ist und daran erinnert, dass Freud und Leid oft eng beieinanderliegen und die Geschichte an vielen Orten unserer heutigen Tour lebendig ist wie eh und je.

Info: Gedenkplatte Hofbräukeller

Nach der militärischen Zerschlagung der Münchner Räterepublik, die sich in den Wirren nach der Ermordung des ersten bayrischen Ministerpräsidenten Kurt Eisners gebildet hatte, nahmen die sog. „weißen" Truppen der ins Exil geflohenen Regierung die Stadt wieder ein. Das Freikorps Lützow bezog hier im Hofbräukeller am Wiener Platz Quartier, nachdem es mit ca. 500 Mann Perlach „befreit" hatte. Dort waren sie zuvor beim evangelischen Pastor Robert Hell und seiner Frau untergekommen; dieser rief einige Tage später Lützow an und berichtete von zahlreichen angeblichen „Linksgesinnten", die immer noch in Perlach Widerstand leisten würden. Auf Grund dieser Denunziation zerrte man 12 völlig unschuldige Arbeiter und Handwerker in der Nacht aus ihren Häusern und verschleppte sie zum Hofbräukeller. Ohne gerichtliches Verfahren wurden sie nach vorangegangenen Misshandlungen von Mitgliedern des Freikorps am 5. Mai 1919 der Reihe nach im Garten des Kellers erschossen.

Einst war der Hofbräukeller der Sommerbierlagerkeller der bayerischen Herzöge. Diese mussten wie alle anderen Münchner Brauer ihr Bier den Sommer über einlagern, denn ein Update des Bayerischen Reinheitsgebots schrieb ihnen die untergärige Brauweise vor. Nur noch zwischen Michaeli und Georgi, also zwischen dem 29. September und dem 23. April, durfte gebraut werden – so musste das Bier für den Sommer bereits im März auf Vorrat eingesotten und dann gelagert werden. Dieses Märzenbier während der warmen Jahreszeit kühl zu halten, war zu damaligen Zeiten, weit vor der Erfindung der technisierten Kühlung, eine echte Herausforderung für die Münchner Brauer. In ihren Braustätten in der Altstadt konnten wegen des hohen Grundwasserspiegels die Keller nicht tief genug gegraben werden. Also mussten sie zum Bau geeigneter Lagerkeller hierher, auf das östliche Isarhochufer, ausweichen.

In 9 bis 12 Metern Tiefe entstand nun ein Lagerkeller neben dem anderen, quasi Tür an Tür. Über den aus gebrannten Ziegeln gemauerten Tonnengewölben, deren Böden mit Klinkern ausgelegt waren, wurde der Kiesaushub aufgefüllt: Unter dieser Isolierschicht fühlte sich das untergärig gebraute Bier sauwohl und blieb bis zum Beginn der nächsten Brausaison genießbar. Mit Lüftungsschächten wurden Temperatur und Luftfeuchtigkeit in den Kellern reguliert. Um das Bierlager noch besser gegen die Sommersonne zu schützen, pflanzte man erst Linden, später dann die damals noch ungewohnten – heute aus dem Bild eines Münchner Biergartens gar nicht mehr wegzudenkenden – Rosskastanien, die mit ihrem Blätterdach das tief unter ihnen ruhende Bier beschatteten.

Info: **Münchner Ziegel**
Die Verarbeitung von Lehm in Form von Ziegelbau und Keramik ist im Süddonauraum seit der Kelten- und Römerzeit, also seit über 2500 Jahren, geläufig. Der umfangreiche Lehmvorrat auf der östlichen Isarterrasse direkt vor den Toren der Stadt deckte auf Jahrhunderte Münchens Bedarf an Baumaterial. „Ohne den Lehm daat's München net geb'n!" Die ersten Ziegelgruben und Trockenstädel standen wohl hier im stadtnahen Haidhausen; aus ihnen stammen die fünffach gebrannten Ziegel, mit denen die Frauenkirche erbaut ist. Auch die Ziegel für den Bau der Sommerbierlagerkeller der Münchner Brauer wurden hier gefertigt. Während der Gründerzeit stieg der Ziegelbedarf schließlich sprunghaft an und machte die Er-

schließung weit außerhalb der Stadt liegender Lehmabbaugebiete erforderlich. Ein regelrechter Boom setzte ein und machte die Ziegeleibesitzer zu „Loam(Lehm)baronen". Die Ziegel hatten eine Länge von 25 cm, waren 12 cm breit und 6,5 cm dick. Als zusätzliche Arbeitskräfte wurden italienische Wanderarbeiter, genannt „Ziegelpatscher", aus dem Friaul und Venetien beschäftigt. Um 1900 lebten ungefähr 6000 Italiener in München, die in den höchst einfach ausgestatteten „Italiener-Wohnheimen" der Ziegeleibetreiber untergebracht waren.

Bereits knapp zwei Generationen später endete das „goldene Ziegelzeitalter", und nach 1920 existierte nur noch eine Handvoll betriebsfähiger und produktiver Ziegeleien im Münchner Osten.

Von den ehemaligen Hofbräulagerkellern ist nur noch ein kleiner Teil übrig. Folgen wir im Hofbräukeller den Wegweisern zu den Sanitäranlagen, gelangen wir in ein Treppenhaus, das bis in das zweite Untergeschoss hinabführt. Dort sind noch die gewölbten Decken der ehemaligen Bierlagerkeller zu erkennen. Heute ist auf der einen Seite in zwei nebeneinanderliegenden Tonnengewölben eine Kochschule untergebracht, die Räume auf der anderen Seite nutzt der Wirt vom Hofbräukeller als Lager.

Anfang des 20. Jahrhunderts war der gesamte Braubetrieb von der Hofbräu-Brauerei am Platzl an den Wiener Platz auf das Gelände des Lagerkellers verlegt worden, weil in der Altstadt einfach kein Raum für einen expandierenden Großbetrieb war. 1986, nach

Hofbräu-Brauerei an der Inneren Wiener Straße

dem verheerenden Brand in der Brauerei, blieben oberirdisch jedoch nur der denkmalgeschützte barocke Eisenzaun mit den kugelbesetzten Pfeilern auf Höhe der Trambahnhaltestelle Gasteig und das ebenfalls denkmalgeschützte ehemalige Sudhaus am Wiener Platz übrig. Die imposante unterirdische Bierkelleranlage, die sich dazwischen entlang der Inneren Wiener Straße hinzog, wurde in den 1990er Jahren beim Neubau einer mehrspännigen Wohnanlage abgetragen.

Im Januar 2014 jedoch meldete sich die in Vergessenheit geratene Geschichte aus dem Untergrund zurück und wurde beinahe einem Spaziergänger zum Verhängnis: Er brach damals auf Höhe der Inneren Wiener Straße 7 in den Gehsteig ein und wäre um ein Haar in einen gut sieben Meter tiefen, aus Ziegeln gemauerten Schacht gestürzt **2**. Nach einigem Rätselraten war klar, dass es sich um einen ehemaligen Lüftungsschacht der Hofbräulagerkeller handelte, dessen Verfüllung bei den Bauarbeiten schlichtweg vergessen worden war.

Ganz ohne Zwischenfälle überqueren wir nun jedoch die Innere Wiener Straße und gehen sie nach rechts ein Stück westwärts weiter, bis wir an eine unscheinbare Hofeinfahrt gelangen. Zwischen den Häusern Nr. 28 und 30, die beide im Stil der deutschen Renaissance um die Wende zum 20. Jahrhundert gebaut worden sind, gibt es einen Schlupf, der zunächst in einen relativ unspektakulären Innenhof führt. Gehen wir weiter hinein und an dem Schuppen mit dem großen Holztor links vorbei, zwängt sich der Durchgang zwischen dem Rückgebäude des stattlichen Wohnhauses auf der einen und einem sehr baufälligen kleinen Gebäude auf der anderen Seite hindurch. Schließlich treten wir hinaus auf eine Straße, die uns nach rechts weiter Richtung Südwesten an der Rückseite der neoromanischen Johanneskirche entlangführt. An der Ecke **Preysingplatz/Preysingstraße** angekommen haben wir wieder das Gefühl, auf dem Kirchplatz eines Dorfes gelandet zu sein, so idyllisch wirkt er mit den großen Bäumen und dem Ziegelbrennerbrunnen **3**.

Info: Evangelisch-Lutherische Pfarrkirche St. Johannes
Die St.-Johannes-Kirche wurde als Backsteinbau in neoromanischer Formensprache errichtet. Geplant wurde sie vom Architekten Albert Schmidt, wie schon zuvor die Münchner Hauptsynagoge und die St.-Lukas-Kirche.

Durchgang am Preysingplatz

Am 29. Juni 1913 erfolgte die Grundsteinlegung. Besondere Schwierigkeiten bereitete die Fundamentierung der Kirche: Der Bauplatz war eine ehemalige Kiesgrube, ausgefüllt mit Schutt, der ausgegraben und fortgeschafft werden musste, bevor alles neu befüllt und anschließend mit Beton ausgegossen wurde; zusätzlich rammte man mit Beton befüllte Eisenrohre von 20 cm Durchmesser und 3–5 m Länge zur Stabilisierung in den Boden. Allein das Turmfundament wird von 60 derartigen Pfählen gestützt.

Direkt vor der St.-Johannes-Kirche steht der Ziegelbrennerbrunnen. Er wurde von Hans Osel aus Muschelkalk gestaltet und am 17.11.1978 den Bürgern von Haidhausen übergeben. Es werden zwei Personen gezeigt: eine kniende, die Lehmziegel herstellt und dafür den Lehm in der Ziegelform glattstreicht, und eine stehende, die fertiggebrannte Ziegel trägt.

Am gegenüberliegenden Eck blicken wir auf den Gesundbaumarkt Haidhausen, der direkt über einem weiteren ehemaligen Sommerbierlagerkeller steht, dem des früheren **Metzgerbräus** 4 . Der Gasteigberg, auf dem wir uns befinden, und der etwas weiter südlich gelegene Lilienberg wurden früher von den Lagerkellern systematisch durchlöchert, wie ein Schweizer Käse. So entstand eine

Hofbräukeller an der Rosenheimer Straße

regelrechte Kellerstadt mit über fünfzig Lagerkellern, die zwischen Innerer Wiener und Preysingstraße, entlang der Kellerstraße und auf beiden Seiten der Rosenheimer Straße lagen. Der Name der „Kellerstraße" rührt daher; und auch andere Straßennamen in Haidhausen, wie zum Beispiel die „Stubenvollstraße" oder die „Schleibingerstraße", sind benannt nach Münchner Brauereien, die dort ihre Lagerkeller gebaut hatten.

Ein Münchner Baumeister namens Matthias Widmann machte damals aus der Not der Brauer, die dringend Lagerkeller benötigten, ein Geschäft: Entlang der Rosenheimer Straße fertigte er in Serie einen Keller neben dem anderen und verpachtete sie anschließend an die Brauer, deren finanzielle Situation den kostspieligen Bau eines eigenen nicht zuließ. Von den Pachteinnahmen errichtete er sich eine großzügige Villa „Auf den Lüften", dem damals noch unbebauten Hochplateau hinter dem Isarhochufer.

Das Straßenbild der Kellerstadt wurde von den zu den Lagerkellern gehörenden oberirdischen Bauten geprägt: einfachen, giebelseitig zur Straße ausgerichteten Betriebsgebäuden mit ein oder zwei großen Einfahrten für Fuhrwerke, die mit hölzernen Flügel- oder Schiebetüren verschlossen werden konnten. Im Inneren wurden alle zum Betrieb des Kellers benötigten Gerätschaften gelagert, auch die leeren Fässer konnten dort bis zu ihrem nächsten Einsatz zum Trocknen aufgestellt werden, und unter dem Dach gab es Platz zur Lagerung von Gerste und Hopfen. Über einen Seilwinden-Aufzug konnten die Lager- und Transportfässer in den Keller hinein- und wieder herausgebracht werden. Auf den Straßen der Kellerstadt herrschte damals reger Verkehr, denn nicht nur der Biertransport zu und von den Lagerkellern spielte sich dort ab. Auch die für München wichtige Salzhandelsroute führte von Osten kommend durch Haidhausen über die Rosenheimer Straße den „gachen (steilen) Steig", also den Gasteig hinunter Richtung Isartor und in die Stadt hinein.

Unsere Lieblingstour führt uns nun durch die Holzhofstraße. Nach der Überquerung der Kellerstraße gehen wir geradeaus weiter und lassen den Spielplatz links liegen. Wir gelangen auf einen Platz zwischen dem GEMA-Gebäude auf der linken und dem Kulturzentrum Gasteig auf der rechten Seite, in der Mitte befindet sich ein Brunnen, der wie das Rohr einer riesigen Tuba in den Himmel ragt **5**. Dort herrscht im Sommer reger Betrieb, denn der Brunnen ist bei den Kindern als Wasserspielplatz beliebt, und die Bänke auf beiden Seiten laden zum Verweilen ein. Neben dem GEMA-Gebäude führt ein Durchgang zur dahinterliegenden Wohnanlage, an dessen Beginn wir eine im Boden eingelassenen Gedenktafel finden, die an das versuchte Hitlerattentat von Georg Elser im **Bürgerbräukeller** erinnert **6**.

Info: **Georg-Elser-Gedenkplatte – Bürgerbräukeller – Schauplatz von Hitlerputsch und Hitlerattentat**
Der sogenannte Hitlerputsch nahm seinen Ausgang vom Bürgerbräukeller. Dort hatten sich am 8. November 1923 unter Führung von Gustav Ritter von Kahr rechtsgerichtete Kreise versammelt. Hitler riss mit Abgabe eines Pistolenschusses die Aufmerksamkeit an sich und konnte die Anwesenden zum Teil auch mittels Erpressung auf seine Seite ziehen. Am nächsten Tag marschierten ab 12 Uhr die Revolutionäre unter seiner Führung – wieder vom Bürgerbräukeller aus – ab in Richtung Odeonsplatz. Der Zug wurde von der Landespolizei an der Feldherrnhalle gestoppt, Hitler wurde verhaftet. Trotz dieses kläglichen Scheiterns wurde der Putschversuch propagandistisch ausgeschlachtet und nach der Machtergreifung unter anderem durch jährliche Gedenkfeiern im Bürgerbräukeller (siehe Bild rechts) Teil der ideologischen Selbstinszenierung der NSDAP.
Dieses symbolträchtige Datum wählte der Schreiner Georg Elser für sein Attentat auf Hitler anlässlich des 16. Jahrestages dieses Putsches am

8. November 1939. In über 30 Nächten präparierte er die Säule hinter dem Rednerpult und baute eine Bombe mit Zeitzünder ein. Hitler entging diesem Tötungsversuch durch reinen Zufall: Wegen Nebels konnte er nicht mit dem Flugzeug von München nach Berlin zurückreisen und musste den Zug nehmen. Daher beendete er seine Rede 13 Minuten vor der Detonation der Bombe und verließ den Saal unversehrt.

Mit unserem Abstecher zum Bürgerbräukeller sind wir bereits im industriellen Zeitalter der Münchner Braugeschichte angelangt. Das Brauwesen in München war bis dahin von rein handwerklich arbeitenden Betrieben geprägt, deren Belegschaft nicht selten nur aus dem Brauer und einem Gesellen bestand. Selbst die handwerklichen Großbetriebe dieser Zeit, wie der Metzgerbräu oder der Filserbräu, beschäftigten maximal sechs bis sieben Brauknechte. Doch nun zwang eine Reform zum grundlegenden unternehmerischen Umdenken: das sogenannte „Biersatzregulativ". War den Münchner Brauern bis dato in einem geschlossenen Gewerbe mit einer begrenzten Anzahl von Mitbewerbern und über einen obrigkeitlich festgelegten Bierpreis ihr Auskommen sicher, gab es nun erstmals eine Bierpreiskalkulation. In der war der Gewinnanteil der Brauer zwar nach wie vor festgeschrieben – so weit, so gut –, jedoch beinhaltete diese Kalkulation auch erstmals die fixen und variablen Kosten, die

Gedenkfeier im Bürgerbräukeller 1938

bei der Herstellung einer Maß guten Bieres anfielen. Nur leider wurde diese Kalkulation für über fünfzig Jahre festgeschrieben und nie wieder an die während dieser Zeit stark steigenden Preise angepasst – sie fraßen bald den garantierten Gewinnanteil.

Viele Brauer verschlossen zudem die Augen vor den Zeichen der Zeit und den technischen Veränderungen, die auch ihr Gewerbe revolutionierten. Das große Brauereisterben in München begann. Überleben konnte nur, wer auf technische Neuerungen und Expansion setzte. Die anderen blieben auf der Strecke, gingen bankrott, wurden von den Großen sukzessive geschluckt und aufgekauft. Gab es vor der Einführung des Biersatzregulativs noch 60 Brauereien in München, waren es zu Beginn der Kaiserzeit gerade noch 17 Betriebe. Und diese verbleibenden Brauereien mussten nun nicht nur den Bierausstoß der weggefallenen Betriebe kompensieren, sondern auch eine ständig steigende Biernachfrage bewältigen – denn in der Stadt München verzehnfachte sich innerhalb eines knappen Jahrhunderts die Bevölkerung. Durch den Ausbau des Schienennetzes gewann zudem auch das Exportgeschäft mit Bier an Bedeutung. Die expandierenden Brauereien brauchten nun immer größere Produktions- und natürlich auch Lagerkapazitäten, und auch die Kellerstadt mit ihrer zuvor eher kleinteiligen Struktur veränder-

Eberl-Faber-Brauerei an der Rosenheimer Straße

Münchner-Kindl-Brauerei und Keller an der Ecke Rosenheimer / Hochstraße

te im Zuge dieser Umwälzungen vollkommen ihr Gesicht. Die vielen kleinen Keller am östlichen Isarhochufer wurden miteinander verbunden, und auf den Grundstücken darüber entstanden industrielle Großbrauereien, die in der zu eng gewordenen Altstadt keinen Platz mehr hatten. Sie prägten von nun das Erscheinungsbild der ehemaligen Kellerstadt.

Vom Bürgerbräu gehen wir nun am Kulturzentrum **Gasteig** entlang Richtung Rosenheimer Straße, wenden uns auf dieser nach rechts und gehen ein Stück bergab bis zur Ampelüberführung vor der Einfahrt zur Gasteig-Tiefgarage. Hier überqueren wir die Rosenheimer Straße und bleiben an der Ecke Rosenheimer/Hochstraße auf dem Vorplatz zur Motorama-Ladenstadt stehen. Auf der Gasteig-Seite der Rosenheimer Straße dominierten infolge des Brauereisterbens an Stelle der ursprünglichen Kelleranlagen nun industrielle Großbrauereien. Von unten begonnen mit dem Sterneckerbräu auf dem Gelände der heutigen Philharmonie, von dessen Biergarten aus man seinen Blick über die Stadt schweifen lassen konnte. Dann folgte die Eberl-Faber-Brauerei, die sich beginnend auf Höhe der heutigen Tiefgarageneinfahrt des Gasteigs weiter die Rosenheimer Straße hinaufzog bis zum U-Bahn-Eingang. Direkt danach kam das Betriebsgelände vom Bürgerbräu auf Höhe des heutigen Hotels Hilton City, das bis zur Steinstraße hinaufreichte. Gegenüber, auf der Motorama-Seite, thronte der riesige **Münchner-Kindl-Keller** 7 , der Tausenden von Menschen Platz bot, und dessen breit geschwungener Giebel zusammen mit dem Münchner Kindl, das weithin sichtbar auf der Fassade prangte, bergab Richtung Stadt blickte. Die zum Münchner-Kindl-Keller gehörige Brauerei lag direkt ums Eck an der Hochstraße. An dieser weiter Richtung Süden lagen auf dem Hochplateau der Franziskanerkeller und die ausgedehnten Produktionsanlagen der Franziskaner-Leistbrauerei, die bis zur Franziskanerstraße (!) reichten. Noch ein Stück weiter südlich am Fuß des Nockherbergs breitete sich die Paulaner-Brauerei aus.

Die nächste große Veränderung im Erscheinungsbild der Kellerstadt, die sich uns nun auch auf unserer Wanderung zeigt, brachte der Zweite Weltkrieg, während dem die großen Brauereibetriebe nicht nur dort, sondern in ganz München schwer in Mitleidenschaft gezogen oder gar vollständig zerstört wurden. Hier entlang der Rosenheimer Straße bilden heute das Kulturzentrum Gasteig und die Motorama-Ladenstadt das architektonische Entree nach Haidhausen. Für deren Bau wurden die Ruinen der Brauereien abgerissen und die alten Lagerkeller abgetragen oder verfüllt, von der einstigen Kellerstadt an der Rosenheimer Straße ist nichts mehr übrig.

Wir wenden uns nun der Hochstraße zu und gehen sie ein Stück bergauf, am Hotel Holiday Inn vorbei. Gegenüber vom Hotel sehen wir den nach außen etwas abweisend wirkenden, fensterlosen Steinquader des **Sudetendeutschen Museums** 8 , der den verglasten Eingangsbereich unter sich förmlich zu erdrücken scheint. Kurz dahinter führt ein Fußweg in Serpentinen das steile Isarhochufer hinab. Es zeigt sich hier eindrucksvoll als nahezu senkrechte, fast 20 Meter hohe Hangkante, und man kann erahnen, mit welcher Kraft die Isar einmal landschaftsgestalterisch tätig war. Was man allerdings von oben durch die Bäume glitzern sieht, ist nicht das „Isarflimmern", sondern der vor dem Flaucher in Untergiesing-Harlaching aus ihr ausgeleitete Auer Mühlbach. Dieser fließt durch den Tierpark Hellabrunn, passiert dann die Kraemer'sche Kunstmühle, eine ehemalige Papiermühle, und nimmt weiter seinen Lauf durch die Au, bevor er am Muffatwerk vorbeifließt und beim Maximilianswerk wieder in die Isar mündet. Sobald wir unten am Mühlbach angekommen auf der Brücke stehen, spüren wir förmlich die Wasserkraft, die von seiner hohen Fließgeschwindigkeit ausgeht. Diese Kraft wurde, anders als die der Münchner Stadtbäche, nicht für den Betrieb klassischer Getreidemühlen, sondern vor allem für Industriemühlen genutzt.

Wir überqueren die Brücke und gehen den kleinen Weg dahinter nach links weiter, folgen dann der um den vor uns liegenden Altbau herumführenden Straße (Paulanerplatz) nach rechts. An der Rückseite des Hauses entdecken wir einen Stiegenaufgang mit dem Wegweiser „Zum Valentinsaal", und ein paar Schritte weiter um die Ecke zur Lilienstraße stehen wir dann schon fast mittendrin im wunderschönen Biergarten vom **Wirtshaus in der Au**, der von Kastanien beschattet wird und uns zu einer Verschnaufpause einlädt. 9 Das Wirtshaus ist die ehemalige Schankwirtschaft der Wagner-Brauerei, die hier früher von Hans Wagner sehr erfolgreich betrieben wurde. In der Wirtschaft ließ sich auch regelmäßig ein junger rothaariger Schreinerlehrling das Bier schmecken, der gleich hier ums Eck in der Zeppelinstraße geboren war: Sein Name war Valentin Ludwig Fey. Hans Wagner erkannte früh das komödiantische Talent dieses Burschen und förderte ihn; wir kennen ihn heute

Seiteneingang der Wagner-Brauerei, rechts vorne angeschnitten die Schankwirtschaft

unter seinem Künstlernamen Karl Valentin. In dem später nach ihm benannten Festsaal des Wirtshauses unternahm er seine ersten Gehversuche auf der Bühne.

Frisch gestärkt lassen wir das Wirtshaus in der Au hinter uns und folgen der Einbahnstraße auf der anderen Seite des Hauses nach links. Bevor sie wieder nach links abbiegt, wenden wir uns nach rechts und durchqueren die Wohnanlage. Am Ende der Häuserreihe können wir links eine Brücke über den Auer Mühlbach nehmen, die hier nicht nur diesen, sondern auch den wieder einmündenden Kegelmühlbach überspannt. Die dazwischenliegende Insel nennt sich heute **Kegelhof** 10 ; bereits zu Zeiten von Kaiser Ludwig dem Bayern war hier eine der ersten Papiermühlen Deutschlands gegründet worden.

Wir gehen auf der anderen Uferseite des Auer Mühlbachs die Quellenstraße nach rechts weiter bachaufwärts. Sie hat ihren Namen nach den vielen Quellen erhalten, die hier überall aus der Hangkante treten und die in früheren Zeiten die Bewohner der Au mit frischem Wasser versorgten. Die Straße führt uns schließlich in einem Bogen über eine Brücke wieder zurück auf die andere Ufer-

Paulaner-Brauerei und Eisfabrik an der Ohlmüllerstraße

seite. Wir gehen am Wirtshaus Ayinger in der Au vorbei, überqueren die Gebsattelstraße und gelangen an den Mariahilfplatz mit dem in der Mitte hochaufragenden neugotischen Ziegelbau der katholischen **Pfarrkirche Maria Hilf in der Au** 11 . Während der dreimal im Jahr stattfindenden Auer Dult stehen hier die Standl und nostalgischen Fahrgeschäfte der knapp dreihundert Händler und Schausteller, dazwischen drängen sich die Besucher durch die Gassen. Bei schönem Wetter sind die Plätze in einem der drei Bierzelte heiß begehrt.

Wir gehen hinter der Kirche den Platz entlang, bis wir auf die kleine Straße Am Neudeck stoßen, auf der wir nach links an der Polizeiinspektion vorbei wieder zurück zum **Auer Mühlbach** kommen und ihn erneut überqueren. Auf der anderen Uferseite folgen wir seinem Lauf wieder weiter bachaufwärts. Nach etwa 150 Metern unterquert der Mühlbach die Ohlmüllerstraße, der Uferweg daneben endet an einem Treppenaufgang, der nach oben zur Straße führt. Auf halber Höhe gelangen wir zu einem Steg, der hier den Mühlbach wieder überquert, und blicken bachaufwärts zu einem weiteren Steg mit einer grün und rot lackierten Schleusenanlage. Dahinter wird der Bach aufgestaut und bricht sich durch die Engstelle an der Schleuse tosend seine Bahn. In dem Bau links daneben befindet sich ein Antriebsmechanismus, der die Wasserkraft des Auer Mühlbachs über ein waagrecht darin liegendes Mühlrad auf ein Zahnradsystem überträgt und damit das historische Eiswerk in Gang setzt 12 . Mit dem Ammoniak-Doppelverdichter von Carl von Linde konnten hier einmal 80 Tonnen Blockeis am Tag hergestellt werden, mit dem die Münchner Großbrauereien zur Kühlung ihrer Lagerkeller beliefert wurden.

Info: Eiswerk
Carl von Linde erwarb 1880 die alte Spießmühle am Auer Mühlbach und erhielt die Genehmigung für den Bau einer mit Wasserkraft betriebenen Turbine zum Antrieb der Kompressoren des Eiswerks. Während der alljährlichen 12-tägigen Bachauskehr (ein „Frühjahrsputz" zur Beseitigung von Unrat und Sedimenten aus dem Bachbett) gelangen Linde die Beseitigung der zu den vorhandenen Mühlrädern gehörenden Wasserbauten und die erforderlichen Grund- und Betonarbeiten für die Turbinenanlage. Diese bestand aus dem Wehr am Auer Mühlbach, der Wasserturbine von MAN und dem Ammoniak-Doppelverdichter-System Linde, Baujahr 1881.

Über dem Maschinenraum lag der Eiserzeuger (22 x 8 x 1,65 m), in dem Platz für 2.660 Eiszellen für 25 kg Blöcke war. Die Anlage wurde später vom Paulanerbräu München übernommen und noch bis 1971 für die Raumkühlung betrieben. 1980 wurde das Eiswerk in die Bayerische Denkmalliste aufgenommen. Seit einer Generalinstandsetzung im Jahr 2000 wird die Eismaschine weiterhin jährlich und auch zu Demonstrationszwecken in Betrieb genommen. Es ist beeindruckend anzusehen, wenn die Schleuse geöffnet wird und sich die Turbine in Gang setzt: Über das 4 Meter große Schwungrad wird der Tandemverdichter angetrieben und bewegt sich in gleichmäßigem Takt mit 60 Hüben pro Minute. Die Doppel-Kompressoren haben vermutlich schon über 500.000 Betriebsstunden auf dem Buckel und laufen trotzdem immer noch wie geschmiert.

Wasser spielt also nicht nur neben Hopfen und Malz eine wichtige Rolle als eine der drei im Reinheitsgebot festgelegten Grundzutaten für ein bayerisches Bier – in Form von Eis sorgte es dafür, dass das eingelagerte Märzenbier den ganzen Sommer über in den Lagerkellern kühl und frisch gehalten wurde. Als Wasserdampf schließlich trieb es die ersten mechanischen Maischerührwerke an, die der innovative Brauereichef Franz Xaver Zacherl in seiner Paulaner-Brauerei einführte. Er befreite damit die Arbeiter von einer stundenlangen körperlich schweren Plackerei. Bis dahin mussten diese nämlich den zähflüssigen Getreidebrei mit der Maischharfe von Hand rühren, damit er nicht am Kesselboden anbrannte. Wer jemals einen Braukurs in der mittelalterlichen Schöpfbrauerei vom Markus Wasmeier am Schliersee beim Braumeister Olaf mitgemacht hat, kann ein Lied von dieser schweißtreibenden Tätigkeit singen!

Bis vor Kurzem noch war die Paulaner-Brauerei hier unterhalb vom **Nockherberg** auf dem Gelände neben dem Auer Mühlbach in Betrieb ⑬. Heute wird im äußersten Münchner Westen in Langwied Bier gebraut. Nur das Verwaltungsgebäude der Paulaner-Brauereigruppe ist noch in dem sogenannten Zacherlbau untergebracht, dem ehemaligen Haupthaus der Brauerei, das aufwändig renoviert wurde. Und schon seit den Zeiten von Franz Xaver Zacherl thront der **Salvatorkeller** oben auf dem Nockherberg, in dem jedes Jahr der berühmte Starkbieranstich mit dem Politiker-Derblecken („aufs Korn nehmen") im Rahmen der Fastenpredigt stattfindet. Das Bier wurde darunter in den weitläufigen Bierkelleranlagen des Nockherbergs eingelagert, die über die Jahrhunderte immer weiter ausgebaut

Andrang am Salvatorkeller

wurden. Dort in der Tiefe sprudelt heute noch die Salvatorquelle, die in den Auer Mühlbach geleitet wird und schon den Paulanermönchen das Wasser zum Brauen ihres berühmten Starkbieres lieferte. Ihr Kloster lag am Fuß des Nockherbergs auf dem Gelände des heutigen Landratsamts München zwischen Ohlmüllerstraße und Mariahilfplatz. Herzog Maximilian I. hatte sie einst dort angesiedelt, denn sie sollten sich um das Seelenheil der Auer Bürger kümmern.

Wir lassen nun den idyllischen Auer Mühlbach hinter uns und steigen die Treppe weiter hinauf zur Straßenoberfläche, wenden uns auf der Ohlmüllerstraße nach links und gehen bergab. Gegenüber vom dort gelegenen Zacherlbau gelangen wir zur letzten Station unserer Lieblingstour: Im heutigen **Landratsamt München** ist der Eingang zum Kreuzgang des ehemaligen Paulanerklosters zu finden, den man zu den regulären Öffnungszeiten des Landratsamts besichtigen kann. An manchen Stellen lassen sich dort noch die wunderbaren alten Fresken erkennen, mit denen er einmal ausgeschmückt war. Vor dem Eingang zum Kreuzgang finden wir eine Tafel, auf der die alte, dem Borromäus geweihte Klosterkirche zu sehen ist, deren Grundriss im dahinterliegenden Garten mit Klinkern nachgelegt wurde 14.

Und wenn wir ganz stad sind, hören wir es dort leise durch die Blätter wispern: „Hopfen und Malz, Gott erhalt's!"

Rudolf Hartbrunner

Papier, Haderlumpen & Seide

Die nördliche Au

Die Au gilt als legendäres, typisches und urmünchnerisches Viertel. Dabei wurde der Ort im Überschwemmungsgebiet der Isar erst im Jahr 1854 eingemeindet. Damals war die Vorstadt Au die elftgrößte Ortschaft des Königreichs Bayern. Schon früh war der Ort durch seine besondere Sozialstruktur gekennzeichnet. Die Münchner waren auf das flexible Arbeitskräftepotenzial der Bewohner der Au und Haidhausens angewiesen. Die Geschichte dieser Ortschaften und ihrer Einwohner ist über weite Strecken eine Geschichte der Not und des Elends, aber auch der Subkultur und der Kunst des Überlebens.

Am Ausgangspunkt unseres Stadtteil-Spaziergangs kann es durchaus nach frisch geplatztem Popcorn duften. Wir treffen uns nämlich vor den „**Museum Lichtspielen**". Die repräsentativ gestalteten Gebäude an der Zeppelinstraße wurden um das Jahr 1896 errichtet. Bewusst wollten die Stadtplaner die gewachsene Kleinbebauung der Au hinter den zusammenhängenden und großstädtischen Fassaden verstecken. Die Au zeigte sich seither gegenüber der Stadt von ihrer Schokoladenseite.

MÜNCHNER LIEBLINGSTOUREN

1 In dem mächtigen Gebäude mit den Museum Lichtspielen war zunächst ein Wirtshaus und eine Singspielhalle untergebracht. Im Jahr 1906 baute der künftige Betreiber Carl Gabriel das Varieté-Theater zu einem Kino mit 220 Plätzen um. Es erhielt den Namen „Gabriels Tonbildtheater". Der neue Besitzer nannte das Kino 1918 in Museum Lichtspiele um. Das nahe gelegene, im Bau befindliche Deutsche Museum war der Namensgeber. Inzwischen sind die Museum Lichtspiele das älteste noch bestehende Kino Münchens.

Zuvor befand sich hier die Gastwirtschaft „Kaisergarten". Es handelte sich dabei um jenes Wirtshaus, für das beim Isar-Hochwasser am 13. September 1813 das letzte Stündchen angebrochen schien. Viele neugierige Gaffer standen auf der steinernen Isarbrücke und wollten erleben, wie das bereits unterspülte Gasthaus langsam in den tosenden Fluten der Isar versinken sollte. Doch nicht für den Kaisergarten schlug das letzte Stündchen, sondern für 108 schaulustige Münchner. Sie traf der schnelle Tod, nachdem die Brücke Bogen für Bogen einstürzte.

Im Anschluss an den Kaisergarten erhob sich seit dem 1. Mai 1850 das Schweiger'sche Volkstheater. Das Holztheater des Johann Schweiger bot Platz für bis zu 500 Zuschauer. Der Preis des billigsten Platzes entsprach dem Preis einer Mass Bier. Dies konnten sich auch

Ein Unterhaltungstempel: Von der Volkssängerbühne bis zum Kult-Kino

DIE NÖRDLICHE AU → **TOUR 08**

Oben: Lilienstraße 11, ein typischer vorstädtischer Kleinhausbau
Rechts: Der Wegweiser nach Istanbul

die weniger bemittelten Theaterbesucher leisten. Da man aber der Schweigerbühne eine „Sitten zerrüttende Wirkung auf das Publikum" nachsagte, lebte der Theaterbetreiber in ständigem Kampf um seine Konzession.

Seit dem 4. Oktober 1976 läuft in den Museum Lichtspielen der Kultfilm „Rocky Horror Pictures Show". Grell geschminkt und in Netzstrümpfen sowie Korsagen gekleidet strömen die Besucher nur so herbei. Noch immer singen die Fans die Lieder mit, sprechen die Texte und tanzen synchron mit den Stars auf der Leinwand.

2 An der Lilienstraße, der alten Hauptstraße der Au, haben sich noch Häuser aus der Mitte des 19. Jahrhunderts erhalten, die typisch für den vorstädtischen Kleinhausbau sind. In einem der Häuser gründete Franz Xaver Meiller im Frühjahr 1853 seine bis heute weltweit bekannte Firma. Ab 1881 produzierte er als erste deutsche Fabrik einfache Kippfahrzeuge, stieg 1907 zum Kgl. Bay. Hofwerkzeugfabrikanten auf und verlegte seinen Betrieb im Jahr 1918 an die Landshuter Allee. Dort entwickelte sich die größte europäische Produktionsstätte für hydraulische Kipper.

3 Im Innenhof des Anwesens befindet sich seit dem Jahr 1999 ein steinerner Wegweiser nach Istanbul.

4 Hier begann auch im 12. Jahrhundert die Besiedelung der Au. Auf dem Gelände entstand später eine Rüstungsschmiede, dessen Mühlwerk von der Wasserkraft des Auer Mühlbachs angetrieben wurde. Seit 1567 war es zum Edelsitz Wageck erhoben worden. Nach weiteren Besitzerwechseln ging die Hammerschmiede und weitere Gebäude anno 1787 an den kurfürstlichen Kommerzienrat Fleischmann über. Dieser eröffnete hier die erste „Rauchtobacks-Fabricke" in Bayern und schuf damit Arbeit und Broterwerb für viele Männer, Frauen und Kinder. Das im Zweiten Weltkrieg zerstörte Areal ist inzwischen mit Wohnungen der Gemeinnützigen Wohnungsbaugesellschaft / GWG bebaut worden.

5 Auf dem Gelände weiter südlich gelegenen Areal befand sich das „Churfürstliche Fabricca Wollwerckh hauß in der Au". Kein anderes Bauwerk in der Au und nur ganz wenige in München hatten solche Ausmaße. In die kurfürstliche Fabricca zog ab dem Jahr 1679 eine Tuchfabrik für Militäruniformen. Es wurde bestimmt, dass die Erträge aus dem Auer Tuchhaus mit zur Ausrüstung der neu aufzustellenden bayerischen Armee dienen sollten. Aus dem in der Fabricca hergestellten Auer Tuch entstanden blaue Militär-Röcke für die bayerische und die Armee der Spanischen-Niederlande.

Für die einzelnen Zweige der Fabrikation gewann man tüchtige Meister. Die Tuchmacherei beschäftigte im Jahr 1690 fast zweitausend Personen. Beim Tor der Tuchfabrik reihten sich am frühen Morgen die Tagelöhner auf und wurden so als Arbeitskräfte täglich neu gewonnen.

Seit dem Jahr 1686 diente die Auer Fabricca auch als Kriegsgefangenenlager für 141 Türken, die in der Tuchfabrik ihren Lebensunterhalt verdienen mussten. Eine Gruppe der Kriegsgefangenen hatte als Sänftenträger zu dienen. Die Sesselträger bildeten eine eigene Organisation, an deren Spitze ein einheimischer Sesselmeister stand, der für den funktionierenden Ablauf verantwortlich war und für das Wohlergehen seiner Untergebenen zu sorgen hatte.

Seit dem Jahr 1696 ging es mit der Fabricca in der Au abwärts, da sie jährlich 12.000 Gulden des erzielten Gewinns für den Schlossbau in Schleißheim abführen musste. Diese rücksichtslose Verwendung und Verschwendung des Kapitals der Fabrik durch den Kurfürsten Max Emanuel führte das Wollwerk in den Ruin. 1720 war das Unternehmen, "welches seinesgleichen in ganz Deutschland nicht hatte", zugrunde gegangen.

In den Jahren von 1789 bis 1799 war in den Räumlichkeiten ein Militärisches Arbeitshaus untergebracht, in dem vorwiegend feines Tuch zur Herstellung von Hosen und Röcken der Soldaten und Offiziere produziert wurde. Die Entstehung des Militärischen Arbeitshauses in der Au stand in einem direkten Zusammenhang mit der von Reichsgraf von Rumford initiierten Militärreform. In den Anfangszeiten konnten innerhalb und außerhalb der Anstalt mehr als tausend Menschen Arbeit finden. Damit war das Militärische Arbeitshaus in der Au einer der größten Arbeitgeber des Kurfürstentums Bayern.

Da Hunger und Mangelernährung die Hauptprobleme dieser Zeit waren, erdachte Reichsgraf von Rumford für das Militärische Arbeitshaus eine breiartige Suppe, die als Rumford-Suppe zu einem Volksnahrungsmittel wurde. Sie bestand aus Wasser, Kartoffeln, Graupen, Erbsen, Salz und Weinessig oder sauer gewordenem Bier. Je einhundert Portionen Suppe enthielten drei Pfund Fleisch [auf fünfzig Pfund Kartoffeln, Erbsen und Graupen], das fast so klein wie Gerstenkörner geschnitten werden musste und mehr dazu diente, den Gaumen zu kitzeln. Dazu gab es einige Brotstückchen in den Suppennapf. Das Rumford'sche Suppenrezept hielt sogar Einzug in der englischen und napoleonischen Armee.

Wegen der Größe und der guten Finanzierungsgrundlagen konnte die Manufaktur zu wesentlich günstigeren Preisen als das bayerische Handwerk produzieren und so in den zehn Jahren ihres Bestehens einen Reingewinn von über 100.000 Gulden erwirtschaften. Trotzdem wurde die Unternehmung zu einem Verlustgeschäft. Die zunehmende Belastung der Kriegskasse durch den Ersten Koalitionskrieg und weitere Sparmaßnahmen führten schließlich zur Auflösung des Militärischen Arbeitshauses. Dabei hätte ein Unternehmen in dieser Größe langfristig zu einer Belebung des bayerischen Rohstoffmarktes und zur Wettbewerbsfähigkeit Bayerns auf diesem Gebiet beitragen können.

Nach der Auflösung des Militärischen Arbeitshauses übernahm der aus dem Herzogtum Berg stammende Kommerzienrat Brügelmann den Betrieb und richtete darin eine Maschinen-Spinnerei ein. Die Fabrik beschäftigte wieder eine große Anzahl Erwachsener und

Kinder. Doch die Produktionsstätte erfuhr das gleiche Schicksal wie die früheren Unternehmensgründungen. Auch Brüggelmann stellte die Produktion kurz darauf wieder ein.

6 Um zu verhindern, dass für den Ankauf von Tuchen und Seidenstoffen allzu viel Geld ins Ausland abfließt und Damast, Brokat, Samt, Atlas und Seidengewebe importiert werden muss, erließen die Fürsten umfangreiche Kleiderordnungen. Doch die privilegierten Stände wollten nach der neuesten Mode gekleidet sein. Deshalb begann man hier die Luxusgegenstände selbst herzustellen. Kurfürst Ferdinand Maria erließ am 30. November 1665 ein Mandat zur Gründung der Churbaierischen Seidencompagnie, die auf dem Areal der späteren „Churfürstlichen Fabricca" ihre neue Heimat fand. Zur Fütterung der Seidenraupen ließ man in sämtlichen Hofgärten Maulbeerbaum-Plantagen anlegen. Um das notwendige Wissen zu erhalten, warb man Spezialisten aus Italien und Frankreich ab und erwarb damit deren streng gehüteten Fabrikgeheimnisse. Da jedoch das bayerische Klima für die Maulbeerbäume zu rau war, hatte auch dieses Unternehmen keinen langen Bestand.

7 Nun erreichen wir das **Wirtshaus in der Au**, das am 8. August 1900 eröffnet werden konnte und zu dem eine eigene Brauerei gehörte: der Wagnerbräu. Das erste Starkbier der Wagnerbrauerei war das Auer Kraftbier, zu dem am 27. Februar 1926 der Patentator erstmals zum Ausschank kam. Betrieben wurde die Brauerei seit 1901 von Hans Wagner. Die Brauerei war seit dem selben Jahr auf dem Oktoberfest vertreten. Bei der grundlegenden Neueinrichtung des Wirtsbudenrings im Jahr 1907 erhielt auch der Wagner-Bräu einen neuen Festbau. Er war anno 1906 von Emanuel von Seidl für das Bundesschießen entworfen worden.

Im Jahr 1903 erwarb Kommerzienrat Hans Wagner das Hotel Trefler in der Sonnenstraße, das er in Hotel Wagner umtaufte. Anno 1911 trat hier Karl Valentin erstmals mit dem Kabarett Wien-München auf. Im Jahr 1925 ließ Wagner dort einen modernen Theater- und Konzertsaal einbauen, so dass sich das Wagner zu einer namhaften Kleinkunst- und Volkssängerbühne etablierte. In den Jahren von 1933 bis 1935 gelangten im Hotel Wagner unter anderem alle

Das Gaststättengebäude der Wagner-Brauerei, heute Wirtshaus in der Au

bekannten Stücke von Karl Valentin zur Aufführung. Der in der Au geborene Komiker betrieb hier auch sein „Panoptikum".

Ältere Münchnerinnen und Münchner können sich noch an Auftritte von Paul Würges der hier untergebrachten „Crazy Alm" erinnern. Der Berg am Laimer Rock'n'Roll-Musiker wurde gerne als deutscher Bill Haley bezeichnet.

Den neuen Namen „Wirtshaus in der Au" trägt das Gasthaus seit 1993. Die Inhaber betreiben auch die „Knödelei" auf dem Oktoberfest.

8 In der Grünanlage am **Paulanerplatz** befindet sich eine weibliche Allegorie der Vorstadt Au. Geschaffen wurde sie im Jahr 1848, sechs Jahre vor der Eingemeindung, von Ludwig von Schwanthaler. Damals war er das Symbol der Eigenständigkeit der Vorstadt Au. Zu erkennen sind unter dem Wappen der Au [= drei Lilien] die Faschinen zur Befestigung der Uferstreifen. Sie erinnern an die Zähmung des Auer Mühlbaches mit seinen Nebenläufen sowie der ständigen Überschwemmungsgefahr der Au durch die Isar. Die Krone auf ihrem Kopf zeigt an, dass die Au bei der Entstehung der Allegorie schon Jahrzehnte Stadt war.

Links: Die „Bavaria" der Au von Ludwig Schwanthaler, 1848
Rechts: Die typische Kleinhaus-Bebauung in der Vorstadt Au

9 Die Lilienstraße verlassend begeben wir uns zur Insel, ein durch die Teilung des Auer Mühlbachs entstandenes Eiland. Hier standen sich zwei Papierfabriken gegenüber. In der damaligen Kirchplatzgasse, heute Franz-Prüller-Straße, befand sich seit frühester Zeit die „papirmul unter dem Berg Neudegg am Auerbach". Im Jahr 1852 kam schräg gegenüber die Schaufelen'sche Papiermaschine zur Aufstellung.

Wenn die Berichte des gelehrten Historikers Dufresne aus dem Jahr 1789 stimmen, dann stellte Kaiser Ludwig der Bayer am 27. August 1347, noch kurz vor seinem Tod, einen Freiheitsbrief zur Errichtung und zum Betrieb einer Papiermühle zu „Neydegk ob der Au" aus. Da die Urkunde angeblich bei einem Stadtbrand vernichtet wurde, fehlen bis heute die Nachweise dieser Theorie. Der älteste bekannte Papierer war jedenfalls Peter Perkhofer, übe den die die Mühle im Jahr 1416 an die Familie Schrenk kam. Die Papiermühle stellte lange Zeit den Ortsmittelpunkt dar, von dem aus die Au „in ober und unter der Pappirmihl" geschieden wurde.

Mit der Papierfabrik entstand auch die Gilde der Hadern- und Lumpensammler. Papier entsteht durch Verfilzung feinster Fasern, die man früher eben aus Hadern, Lumpen und Resten von gebrauchten und abgenutzten Geweben gewann. Zur Versorgung mit den zur Produktion notwendigen Rohstoffen wurden nur ehrbare und gut beleumundete Personen als Lumpensammler eingesetzt, die an die vertraglich festgelegte Papiermühle liefern musste.

1852 investierte der Papiermühlenbetreiber Gustav Medicus in eine Scheufelen'sche Papiermaschine und machte damit aus der Auer Papiermühle eine hochmoderne Papierfabrik, in der alle da-

mals üblichen Maschinenpapiersorten hergestellt wurden. Medicus vereinigte am 29. September 1862 die in der Au und in Dachau ansässigen Fabriken und gründete anschließend die München-Dachauer-Aktiengesellschaft für Maschinenpapierfabrikation [heute: MD Papier] mit Sitz in München. Wegen der beengten Verhältnisse in der Au war eine Ausweitung der Produktion nicht mehr möglich, weshalb man die Papierherstellung in der Auer Fabrik nach und nach einstellte.

10 In den aufgelassenen Räumen der München-Dachauer-Aktiengesellschaft für Maschinenpapierfabrikation am **Kegelhof** wurde am 21. Oktober 1900 das Museum für Arbeiterwohlfahrtseinrichtungen eröffnet. Sechs Jahre vor der Eröffnung des **Deutschen Museums** entstand hier das erste Museum Deutschlands, das sich mit den Themen Arbeit, Arbeiterschutz, Arbeiterwohlfahrt, Technik und Wissenschaft auseinandersetzte.

Durch die ständige Vergrößerung der Bestände an Anschauungsmaterial platzte das Museum bald aus allen Nähten. Die Räume des Fabrikgebäudes in der Au erwiesen sich als viel zu beengt, weshalb das Museum in die Pfarrstraße 3 im Lehel umzog. Dort konnte es am 26. November 1906 als Königlich Bayerisches Arbei-

Das im Zweiten Weltkrieg stark beschädigte Herbergenhaus vor seiner Wiederherstellung

termuseum eröffnet werden. Dem Arbeitermuseum ging es aber nicht ausschließlich um eine Verbesserung der Betriebsverhältnisse für die Arbeiterschaft, sondern sprach daneben auch die Probleme im privaten Bereich an: Ernährung, Wohnsituation, Säuglingssterblichkeit, Tuberkulose oder Alkoholismus.

11 Mit äußerster Wucht fließt hier der Auer Mühlbach vorbei. Dieser weist gleich mehrere Superlative auf. So ist er mit seinen 6.650 Metern der längste der Münchner Stadtbäche. Den Mühlbach durchströmen zehn Kubikmeter Isarwasser in der Sekunde. Sein Bachbett ist zwischen fünf und acht Metern breit, seine durchschnittliche Tiefe beträgt 90 Zentimeter. Kurioserweise verlässt der Auer Mühlbach die Isar nicht auf der rechten Seite, hat seinen Ursprung auf der linken Isarseite: am Isarkanal. Zu diesem wasserbautechnischen Salto mortale kam es, als in den Jahren von 1905 bis 1907 der Isarkanal zur Stromerzeugung angelegt worden war und die Kanalbauer sicher stellen wollten, dass die dadurch geschwächte Isar auch im Sommer genügend Wasser in den Auer Mühlbach abgeben konnte. Deshalb legten sie einen 168 Meter langen Düker, einen Tunnel, unter der Rest-Isar an. Er lässte sich im Verlauf des Überfalls parallel zur Marienklausenbrücke ablesen.

Das Waisenhaus des Michael Pöppel mit angebauter Kapelle

12 Wir begeben uns zurück in die Franz-Prüller-Straße, in der sich ein Ensemble von alter Auer Kleinhausbebauung befindet, das die Bombardierung des Zweiten Weltkriegs überstanden hatte. Das bekannteste Gebäude ist das sogenannte Pesthaus, auch Kaltenegger- oder Nonnenhaus genannt. Der Entstehungszeitpunkt des berühmtesten Herbergsanwesens in der Au wird mit dem Jahr 1458 angegeben. Anlass zu Spekulationen bot das am Haus vorhandene Kreuz, das angeblich während einer Pestepidemie als Zeichen für den Tod aller Einwohner des Hauses angebracht worden sein soll. Tatsache ist jedoch, dass das Herbergsanwesen schon während der ersten Pest-Epidemien, die München, die Au und die umliegenden Dörfer geißelten, bestanden hat. Im Jahr 1985 kaufte der Erfolgsregisseur Joseph Vilsmeier [„Herbstmilch", „Ramadama"] das heruntergekommene Haus und ließ es in den Jahren 1991/92 mit viel Mühe, Detailtreue und viel Geld in den Vorkriegszustand restaurieren.

13 An den Herbergenanwesen, die als die Vorläufer der heutigen Eigentumswohnungen angesehen werden können, vorbei, kommen wir zum **Pöppel'schen Waisenhaus**. Es wurde von Michael Pöppel gegründet. Während des zwischen 1741 und 1745 tobenden bayerischösterreichischen Erbfolgekrieges wurden viele Auer Kinder zu Waisen; obdachlos und hungernd zogen sie umher. Michael Pöppel nahm sich der durch die Gassen ziehenden und streunenden Kinder an. Er erbettelte bei den Brotläden der Münchner Bäcker an der Isarbrücke deren altes Brot, um damit die hungernden Kinder zu versorgen. Da sich die obdachlosen Kinder in der Nacht einen Unterschlupf in allerlei Winkeln und Holzlegen suchen mussten, sah sich Pöppel nach einem Raum um, in dem er Unterricht halten und den Kindern zur Nacht ein Lager bereiten konnte. Mit einem Zuschuss aus Sammlungen, die in der Stadt und in der Au durchgeführt worden waren, konnte Pöppel ein größeres Waisenhaus erwerben.

Im Innenhof des Gebäudes – und deshalb leider nicht zugänglich – befindet sich eine Inschrift. Sie lautet: „ORPHANA TROPHIUM / Auf Gott vertraut. / Hat mich erbaut. / Durch Almosen und Milde gab / Mein Anfang ich genommen hab / Und bin erhebt von Grund heraus / Zu einem armen Waisenhaus"

14 Unser Weg führt weiter in die Zeppelinstraße, wo wir uns vor Hausnummer 41 beim Geburtshaus von Valentin Ludwig Fey, besser bekannt als **Karl Valentin**, befinden. In seinem am 15. März 1947 aufgenommenen Stück „Das Interview" behauptete der Komiker zwar, dass er im Postscheckamt zur Welt gekommen wäre. Das Gebäude in der Sonnenstraße war in seinem Geburtsjahr tatsächlich das Gebärhaus. Doch ein Blick in seine Geburtsurkunde verrät, dass er im elterlich Haus das Licht der Welt erblickt hat. Karl Valentin verlebte hier seine Kindheit und Jugendjahre. Doch vier Jahre nach dem Tod seines Vaters musste er das Haus und den angeschlossenen Betrieb verkaufen.

1910 übernahm Ludwig Weinberger sen. das Anwesen. Sein Sohn, Ludwig Weinberger jun., übernahm 1931 eine BMW-Vertretung und versah etwa 300 BMW-Fahrgestelle mit Karosserie-Aufbauten. 1932 karossierte er für den Nürnberger Modearzt Dr. Joseph Fuchs einen Bugatti Royal. Von dem Luxusgefährt wurden lediglich sieben Exemplare hergestellt und davon sechs verkauft. Das Auto war sechs Meter lang, schluckte fünfzig Liter Benzin auf einhundert Kilometern und sein Preis entsprach dem Wert von mehr als acht Einfamilienhäusern. Der von Weinberger designete Bugatti befindet sich heute im Ford-Museum in Dearborn, USA.

Das Haus in der Entenbachstraße 63, heute: Zeppelinstraße 41, Gemälde von Valentin Ludwig Fey, 1896. Bild: Valentin-Karlstadt-Musäum

1994 kaufte der Münchner Modezar Rudolph Moshammer das Anwesen, nahm aber gut ein Jahr später wieder Abstand von seinem Vorhaben. Nun trat mit dem Diplom-Ingenieur Klaus Schmidt ein weiterer Kaufinteressent auf die Bühne. Er bot die valentineske Summe von 888.888 Mark und 88 Pfennigen – und erhielt den Zuschlag. Er machte aus dem dem Verfall preisgegebenen hässlichen Entlein in der Au einen wunderschönen Schwan.

15 Der Gebäudekomplex in unserem Rücken ist das **Pestalozzi-Gymnasium**. In dem vom Krieg zerstörten Vorgängerbau war die Kreislehrerinnen-Bildungsanstalt untergebracht, die hier am 3. Dezember 1908 an dieser Stelle ihren Betrieb aufnahm. Damals war es für interessierte und begabte Frauen nur über Einrichtungen dieser Art möglich, eine beruflich gehobene Qualifikation zu erreichen und damit zu gesellschaftlichem Ansehen zu kommen. Da die Universitäten bewusst frauenfrei gehalten wurden, war der Beruf der Volksschullehrerin eine der wenigen möglichen Alternativen. Das „Fräulein Lehrerin" unterlag jedoch einem strengen Zölibat. Sie musste ledig bleiben. Heiratete sie, so hatte sie aus dem Dienst auszuscheiden. Diese Regelung wurde erst mit der Weimarer Verfassung abgeschafft, aber vier Jahre später mit einer Personalabbauverordnung wieder in Kraft gesetzt.

16 Unser Rückweg führt uns über die Zenneckbrücke zur **Museumsinsel**. Hier an der Kleinen Isar siedelte sich im Frühjahr 2001 nach 170 Jahren Abwesenheit wieder der erste Biber an. Die Münchner Isarinseln wurden erst ab dem 17. Jahrhundert künstlich angelegt. Schon deshalb musste man für das Fundament des Deutschen Museums 1.600 bis zu zwölf Meter lange Betonpfähle in den Untergrund treiben. Alleine für den Turm nochmal 123 Eisenbetonpfähle.

17 Bevor sich die massiven Baukörper des Deutschen Museums, der Bibliothek und des Kongresssaals erhoben, befand sich hier seit dem Jahr 1711 der Bau der Isarkaserne. Anno 1781 betrug die Zahl der Militärpersonen insgesamt 4.243. Das waren 11,2 Prozent der in der Stadt und den kurfürstlichen Schlössern lebenden Bevölkerung, die ausschließlich dem Hofkriegsrat unterstanden.

Nach dem Verkauf der Alten Isarkaserne und dem Umzug der Garnisonsverwaltung nach Neuhausen erfolgte im März 1892 die Übergabe des Geländes an die Stadtverwaltung. Diese quartierte in der ehemaligen Kaserne zahlreiche Behörden ein: die städtische Desinfektionsanstalt, die Inspektion für Blitzableiteranlagen, das polizeiliche Krankenträgerinstitut, den Sanitätsverband, die Lehrwerkstätten des Volksbildungsvereins und die Berufsschule für Friseure. Den Wehrpflichtigen war die Kohleninsel unangenehm in Erinnerung, denn seit dem Jahr 1894 befand sich hier auch das Städtische Wehramt.

In den Räumen der Alten Isarkaserne wurde aber auch ein Stück Arbeitsmarkt- und Sozialgeschichte geschrieben. Mit sieben Mitarbeitern öffnete hier am 1. November 1895 das Städtische Arbeitsamt seine Pforten für arbeitssuchende Münchnerinnen und Münchner. Die bayerische Hauptstadt hatte mit dieser Einrichtung eine Vorreiterrolle übernommen.

Ab dem Jahr 1898 diente die Kohleninsel als Ausstellungsgelände. Ein gewaltiges Gebäude im neoklassizistischen Stil mit einer imponierenden, säulengeschmückten Eingangshalle, einem 45 Meter hohen Rundturm, dessen Aussichtsgalerie über einen elektrischen Fahrstuhl erreicht werden konnte, und weiteren Nebengebäuden. Zusammen mit der integrierten Alten Isarkaserne standen rund 4.000 Quadratmeter Ausstellungsfläche zur Verfügung. Doch der schöne Schein war trügerisch, denn die Bauten bestanden aus

DIE NÖRDLICHE AU → **TOUR 08**

Der eigens für die II. Kraft- und Arbeitsmaschinen-Ausstellung errichtete Palast, 1898

zusammengenagelten und weiß getünchten Brettern, die Säulen und der üppige Figurenschmuck waren lediglich Gips und Stuck - und damit nur für eine begrenzte Dauer konzipiert. Eine Attraktion war die Wasserrutschbahn am östlichen Inselufer. Von der Plattform eines Turmes konnte man – in 13,50 Metern Höhe und auf einer Länge von 67 Metern – in zwei, auf Schienen laufenden Wägelchen in die Isar hineinrutschen. Das entgegen strömende Wasser bremste dabei die Boote ab.

Seit 1902 befand sich in den Räumen der Isarkaserne das „Brockenhaus", eine Art Secondhand-Kaufhaus. Die Münchner nannten es „Wanzenburg", obwohl es in der Festschrift zum zehnjährigen Bestehen hieß: „Kein Bazar und kein noch so großes Kaufhaus" könne sich in „Vielseitigkeit des hier zum Verkauf Ausgestellten" mit dem Brockenhaus messen.

Entlang der Großen Isar spazieren wir bis zur Ludwigsbrücke, wo die Stadtteil-Führung endet.

MÜNCHNER LIEBLINGSTOUREN

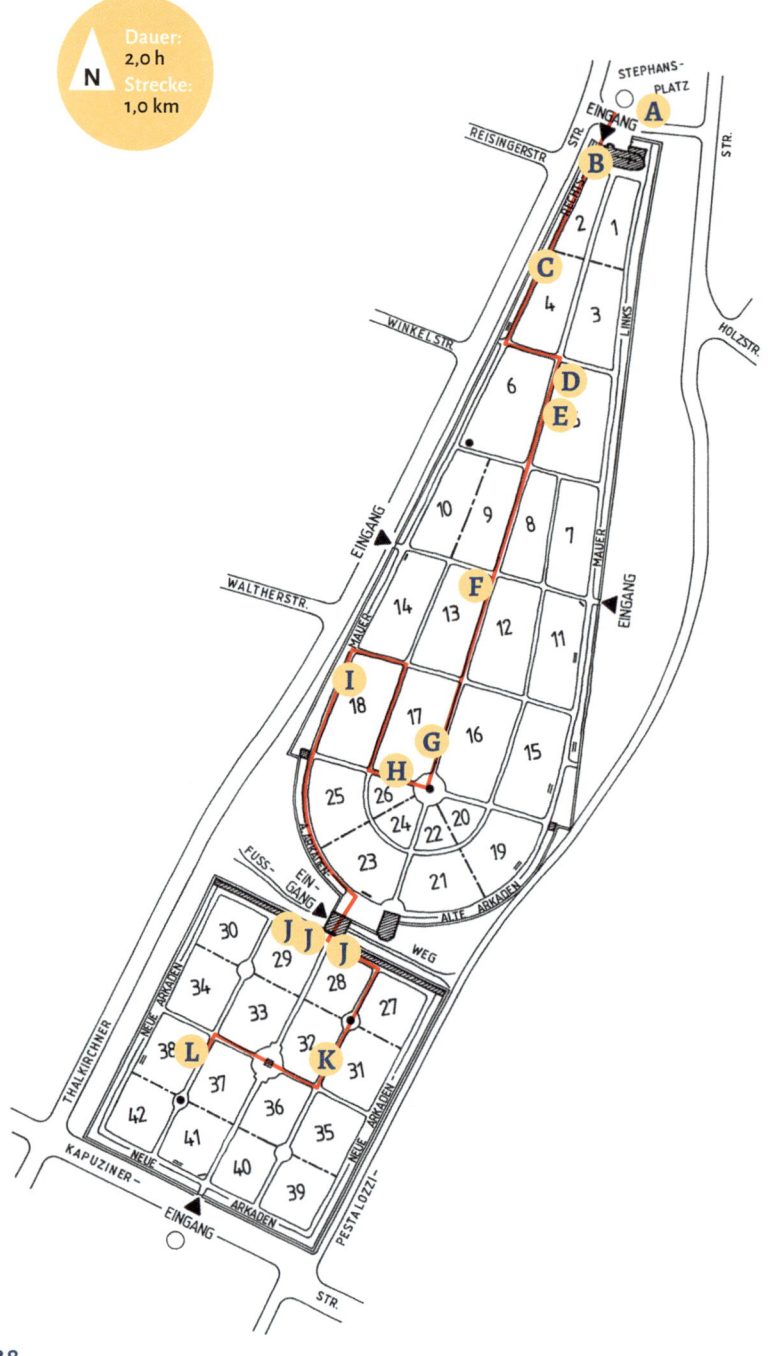

Dauer: 2,0 h
Strecke: 1,0 km

Alexander Kardaschenko

Alte Gräber – große Namen!
Über den Alten Südfriedhof

2013 wurde der Alte Südliche Friedhof unglaubliche 450 Jahre alt. Dieses lange Bestehen zum einen und die Tatsache, dass er lange Zeit der einzige Friedhof Münchens war, erklärt warum er seit jeher als „Steinernes Geschichtsbuch" bezeichnet wird. Bereits im „Allerneuesten Münchner Fremdenführer für 1860" wird er als Sehenswürdigkeit genannt und einige Namen bedeutender Münchner Familien werden schon damals beschrieben. Heute strahlt dieser Friedhof eine unglaubliche Magie aus, der man sich kaum entziehen kann, sei es nun, um auf historischen Pfaden zu wandeln, faszinierende Grabkunst zu bestaunen oder einfach ein wunderschönes Stück Grün mitten in der Stadt zu erfahren.

Unser Rundgang beginnt am kleinen **Stephansplatz** A, der mit dem Spitzwegbrunnen geschmückt ist und prompt einen Bezug herstellt auf die nahe Grabstätte des großen Malers. Selbstverständlich werden wir dem lieben Herrn Spitzweg auch einen Besuch abstatten.

Schaut man sich um, dann sieht es hier heute natürlich recht großstädtisch aus mit typischer Blockbebauung, einigen kleinen

Geschäften und einer angespannten Parksituation. Hier, wo heute die Autos die enge Stephansstraße heraufgeschossen kommen, liegt der Platz, der nach der Kirche gegenüber benannt ist. Auch für unseren Stephansplatz gilt ein beinahe ungeschriebenes Gesetz, denn kaum geht es ein paar Meter nach oben, erklärt der Münchner diese Erhebung liebevoll zu einem „Bergerl" wie das bekannte „Peters-Bergerl" mitten in der Stadt. So stehen wir also auf dem „Stephans-Bergerl" mit Blick auf die Kirche und den Eingang zum Friedhof.

Hier also liegt der Alte Südliche Friedhof eingebettet zwischen Stephansplatz, Thalkirchner Straße, Kapuziner- und Pestalozzistraße inmitten des heutigen Stadtbezirks Nr. 2 „Ludwigsvorstadt-Isarvorstadt". Der alte Teil des Friedhofs beschreibt den Grundriss eines Sarkophags, der bei seiner Neuanlage im frühen 19. Jahrhundert ganz der Idee der „für sich selbst sprechenden Architektur" entsprach. Zugegeben, man müsste schon fliegen können, um den architektonischen Anspruch entsprechend würdigen zu können, weshalb wir uns mit einem Blick auf den Plan des Friedhofs behelfen werden.

Über 450 Jahre ist es her, dass der Friedhof damals „weit vor den Toren der Stadt" im Jahre 1563 angelegt wurde. Dabei ist es nicht gesichert, ob er tatsächlich wegen einer Epidemie als „Pestfriedhof" entstand oder doch einem langsam einsetzenden Trend der dezentralen Bestattung außerhalb der engen Innenstädte folgte. Über die Jahrhunderte wurde nicht nur ständig seine Größe verändert, sondern auch sein Name. So hieß er zunächst „ferterer freithof", was so viel wie „äußerer Friedhof" bedeutet, schließlich war er der erste Friedhof vor den Toren der Stadt. Nach mehrmaligen Erweiterungen, auch wegen wiederholter Pestepidemien und der ständig wachsenden Bevölkerungszahl, gewann der neue „Gottesacker" zunehmend an Bedeutung. Dazu kam noch, dass auf kurfürstlichen Befehl hin 1789 die innerstädtischen Bestattungen endgültig verboten wurden. So wurde aus dem „äußeren Friedhof" der „Zentralfriedhof", der für die nächsten 80 Jahre tatsächlich der einzige Friedhof der Haupt- und Residenzstadt München sein sollte. In diesen Zeitraum fällt die große Erweiterung unter Baurat Gustav Vorherr, dessen oben beschriebenen Grundriss wir heute noch sehen. Trotz Erweiterung des „Zentralfriedhofs" 1840 um den als „Campo Santo" be-

Wilhelm Rudolf Scheuchzer, Der alte Südfriedhof in München (1830)

zeichneten „Neuen Teil" im Süden, wird 1868 in der Maxvorstadt an der Arcisstraße ein dringend notwendig gewordener Friedhof zur Entlastung des „Zentralfriedhofs" fertiggestellt. Und wieder erhält unser Friedhof einen neuen Namen: er heißt fortan schlicht „Südlicher Friedhof", wird im Laufe des 19. Jahrhunderts mehr und mehr zu einer vielbeachteten Sehenswürdigkeit, bis der Zweite Weltkrieg auch auf dem Alten Südlichen Friedhof verheerende Schäden anrichtet. Gräber, Wirtschafts- und Verwaltungsgebäude werden ebenso zerstört, wie die „Vorherr-Arkaden" und die Leichenhalle an der Kopfrundung unseres Sarkophags. Tausende Grabstätten gehen in der Zeit verloren und müssen teilweise abgeräumt werden.

Schwere Zeiten folgten und sogar Optionen wie Auflassung und Neubebauung des Geländes werden diskutiert, bis dann exakt das geschieht, was wir in München schon so oft beobachtet haben: die Münchner selbst treten auf den Plan, erinnern sich an ihr Schmuckstück und setzen sich vehement für die Rettung und die Instandsetzung des Alten Südlichen Friedhofs ein. Es wird der Architekt

Große Grabmalkunst auf dem Friedhof

Hans Döllgast sein, der bis 1955 mit dem Wiederaufbau betraut wird und auch auf unserem Friedhof, mit der für ihn typischen Ruinenarchitektur Akzente setzen wird. Der Friedhof – zu dieser Zeit immer noch „Südlicher Friedhof" genannt – ist also gerettet und über die Jahre wird er nicht zuletzt auch durch viel privates Engagement in Form von Gräber-Patenschaften liebevoll mehr und mehr restauriert. Als 1977 der Neue Südfriedhof an der Hochäckerstraße eröffnet wird, benennt man unseren Friedhof ganz pragmatisch in „Alter Südfriedhof" um, so wie er auch heute noch meistens bezeichnet wird. Eine dringende Sanierung, Sicherung und Erfassung aller noch vorhandenen Grabsteine erfolgt ab 2003 und wird rechtzeitig zum 850. Stadtgeburtstag abgeschlossen. Und eben zu diesem Feiertag hin, erinnert man sich an den alten Namen des Friedhofs, kombiniert ihn mit dem bestehenden und heraus kam der so feierlich klingende Name „Alter Südlicher Friedhof".

Das Ergebnis kann sich sehen lassen. Wir betreten nicht nur ein Denkmal- und Naturschutzgebiet, sondern einen der schönsten und bedeutendsten Friedhöfe europaweit. Superlative hin oder her, mit dem Alten Südlichen Friedhof besitzen wir einen einzigartigen Zeitzeugen Münchner Geschichte, ein einzigartiges Kulturdenkmal mitten in unserer Stadt.

B Ein Kircherl und die liebe Verwandtschaft (SK – W – 1)

Ein Friedhof ohne Kirche? Nein! Undenkbar, auch wenn unser Friedhof in seiner Anfangszeit erst einmal ganze 13 Jahre ohne Gotteshaus zurechtkommen musste. So waren es die tiefgläubigen Wittelsbacher, die ein kleines Holzkirchlein stifteten. Dieses war nicht etwa dem heiligen Rochus oder Antonius geweiht, wie man es bei einem als „Pestfriedhof" angelegten Friedhof hätte erwarten können, sondern Jesus Christus selbst, als „Erlöser der Welt" und hieß folglich „Salvatorkirche". Umbenannt in St. Stephan musste die kleine Kirche im 30-jährigen Krieg ebenso weichen, wie alle anderen Nebengebäude, in denen sich die Schweden hätten verschanzen können. Es folgte eine Notkirche und schließlich der Bau mit dem heutigen Erscheinungsbild, der nach massiver Kriegszerstörung originalgetreu wiederaufgebaut wurde.

Gleich hier an der Westfassade der Kirche befinden sich zwei bedeutende Grabstätten. Zum einen handelt es sich um die ältesten Gräber unseres Friedhofs, zum anderen ist man auch noch miteinander verwandt.

Auf der linken Seite des Kreuzes präsentiert sich das Grabmal des Bildhauers Roman Anton Boos (1730 – 1810). Sieben Jahre habe ich in der nach ihm benannten Boosstraße in der Au gewohnt und was könnte für mich ein besserer Auftakt sein, als hier zu beginnen. Hochbegabt, durch den Vater gefördert erlernt der junge Boos die Kunst der Bildhauerei. Er war ebenso wie Ignaz Günter ein Schüler des Rokoko-Bildhauers Johann Baptist Straub, der später sein Schwiegervater werden sollte. Denken Sie an Roman Anton Boos,

Ein großer Vertreter seiner Zunft: Grabmal des Bildhauers Roman Anton Boos

wenn Sie das nächste Mal an der Theatinerkirche vorbeigehen und die prachtvolle Fassade mit den Monumentalstatuen der Hl. Kajetan, Maximilian, Ferdinand und Adelheid bewundern oder im Schlosspark Nymphenburg an opulenten Prunkziervasen oder mythologische Statuen vorbei spazieren. Auch die Büste des Grabmals ist ein Eigenwerk, so wie Boos überhaupt zahlreiche Grabmäler geschaffen hat.

Rechts vom Kreuz befindet sich das Grab des Johann Baptist Straub (1704 – 1784) und seiner Gattin, der Straubin. Dieses Grab ist allein schon deshalb einzigartig, weil es als das älteste Grab hier gilt, das sich ursprünglich auf einem anderen Friedhof befand und nach der Auflassung der innerstädtischen Friedhöfe hierher transloziert wurde. So ist also das Familiengrab der Straubs für den Friedhof der Allerheiligenkirche am Kreuz (Hackenviertel, Kreuzstraße 10) geschaffen worden und wenige Jahre nach dem Tod Straubs auf Veranlassung des Ehepaars Boos hierher umgezogen worden. Straub war ein bedeutender Hofbildhauer der Kurfürstenzeit und schuf zahlreiche Rokokoausstattungen in Kirchen und Klöstern. Seine Spuren hat er vorwiegend im oberbayerischen Raum hinterlassen, aber ebenso in zahlreichen Räumen der Münchner Residenz und in Schloss Nymphenburg.

Tipp: Werfen Sie bei passender Gelegenheit einen kurzen Blick in die Kirche. Trotz massiver Zerstörung verfügt sie über eine ganze Reihe originaler Kunstwerke, wie die reich verzierten Eichentüren, einen komplett erhaltenen Kreuzweg, einen Rokokobeichtstuhl, eine kunstvolle Rokokostatue des Hl. Josephs oder das erhaltene Glasfenster aus dem ausgehenden 19. Jahrhundert.

C Pompös und unbescheiden: Das Familiengrab derer von Miller (4 – MR – 79|80)

Nur ein paar Meter weiter an der nördlichen Mauer zur Thalkirchner Straße hin liegt das Grab der Familie von Miller, die einige ganz große Münchner Namen hervorgebracht hat. Wir stehen vor dem Grab des Erzgießers Ferdinand von Miller, der 1813 in Fürstenfeldbruck als Sohn eines Uhrmachers und Lotterieeinnehmers geboren wurde. Sein Onkel mütterlicherseits war der bedeutende königliche Erzgießer Johann Baptist Stiglmaier in dessen Fußstapfen er 1844 trat. Mit dem Guss der 18 Meter hohen Bavaria an der Theresienhöhe und der Quadriga auf dem Siegestor erringt er Weltruhm und 1860 liefert er tatsächlich auch die Türflügel für das Kapitol in Washington. Der 1851 zum Ritter erhobene Miller hatte mit seiner hier beerdigten Frau Anna 14 Kinder, zehn von ihnen haben das Erwachsenenalter erreicht. Unter Ihnen befand sich der Ingenieur Oskar von Miller, Begründer des Deutschen Museums.

Ein letzter Blick soll der Gestaltung des von Leonhard Romeis entworfenen Grabes gelten. Der altarähnliche Aufbau zeigt das Relief Mariens mit dem Jesuskind und die betenden Eltern Ferdinand und Anna mit ihren zehn überlebenden Kindern. Sie alle beten für die, als Engel abgebildeten vier, im Kindesalter verstorbenen Geschwister. Dieses Grab bildet den Auftakt zu einer Serie opulent gestalteter Grabmäler aus der Zeit einer sehr selbstbewussten Oberschicht. Denn eines war damals schon klar: der Südliche Friedhof war längst schon zu einer beliebten Sehenswürdigkeit geworden. Die dargestellte Frömmigkeit der von Millers zeugt sicher von einer tiefen Religiosität, war zweifelsohne aber auch als repräsentativer Blickfang gedacht.

Fromm, aber auch repräsentativ: Das Familiengrab derer von Miller

D Wer bin ich? Große Malerei mit einem Schuss subtiler Ironie (5 – 17 – 10|11)

Richtig geraten! Nur ein paar Schritte entfernt vom Grab der von Millers befindet sich am Mittelweg des Friedhofs das Grab des großen Malers Carl Spitzweg. Welcher Münchner Schüler durfte nicht im Rahmen der eigenen Schulkarriere einmal das bekannteste Spitzweg Gemälde „Der arme Poet" in der Neuen Pinakothek bewundern.

Wie später ein Loriot als Schauspieler, verstand es Spitzweg als Maler des 19. Jahrhunderts das bürgerliche Leben der Biedermeierzeit mit all seinen oft spießbürgerlich-kauzigen Facetten bildlich festzuhalten – immer mit einer leichten Prise sanfter Ironie. In dieser Schaffensperiode ist häufig das Motiv der kleinstädtischen Gassen mit Erkern, Türmchen und Brunnen auf seinen Gemälden zu sehen. Hintergründig, aber nicht immer auf den ersten Blick erkennbar, ist der feinsinnige Witz in seinen Bildern. Spitzweg hatte reich geerbt, war Autodidakt und schuf im Laufe seines Lebens über 1.500 Bilder, Zeichnungen und Skizzen aus den verschiedensten Lebensbereichen und mit unterschiedlichsten Motiven. Am Ende seines Lebens war Spitzweg, der übrigens auch ein begeisterter Dichter war, ein hochgeachtetes Ehrenmitglied der Akademie der bildenden Künste in München.

Der versteckte Hinweis: das flaschenförmige Grab des Malers Carl Spitzweg

Betrachten wir sein Grabmal, das nicht mehr das Original ist, fällt die ungewöhnliche Form auf: unten beinahe „bauchig", oben mit einem Deckel bekrönt. Kein Zufall, denn der Grabstein ist in Form einer Apothekerflasche gestaltet, als Hinweis auf Spitzwegs zunächst eingeschlagene Laufbahn als Apotheker.

E Münchens große Brauerei-Dynastien (5 – 17 – 27)

Wir gehen weiter auf dem mittleren Hauptweg und bleiben nur ein paar Schritte weiter auf der linken Seite vor einem hellen, sehr opulenten Grabstein mit obeliskartigem Aufbau stehen. Es ist das Grab der Familie Sedlmayr. Wer waren diese Sedlmayrs, die sich hier in allerbester Lage ein so repräsentatives Grab leisteten? Das Rätsel löst sich auf, wenn wir den Blick nach oben auf die linke Außenseite richten, wo wir den Namen des Stammvaters Franz Seraph Sedlmayr finden. Er ist der Vater eben jenes Gabriel Sedlmayr d. Ä., der die alteingesessene, aber damals kleinste von über 50 Brauereien Münchens kauft: die Spaten-Brauerei. Binnen kürzester Zeit macht

In allerbester Lage: die wuchtigen Gräber der Brauereibesitzer Sedlmayr

er sie zur drittgrößten Brauerei der Stadt, die er seinen Söhnen Gabriel dem Jüngeren und Joseph Sedlmayr hinterlässt.

Gabriel Sedlmayr der Jüngere, hier im Mittelteil des Grabes im Profil dargestellt, ist es, der den heutigen Standort an der Marsstraße begründet und die Spatenbrauerei in den 1860er Jahren zur größten Brauerei Münchens macht. Innovation wurde von jeher großgeschrieben und so ist es die Spaten-Brauerei, die als erste eine dauerhaft betriebene Kältemaschine Carl von Lindes einsetzt, deren Entwicklung Sedlmayr zuvor förderte.

Schräg dahinter befindet sich das Familiengrab seines älteren Bruders Joseph, der Gabriel die Spatenbrauerei überlässt, dafür aber die Leist- und die Franziskaner-Brauerei kauft und recht erfolgreich eigene Wege geht. Lange nach dem Tod der beiden Brüder fusionierten Spaten und Franziskaner wieder und sind heute kein Münchner Unternehmen mehr, sondern ein Teil der belgischen Brauereigruppe Anheuser-Busch InBev. Was wohl die beiden Brüder dazu gesagt hätten?

Eine weitere Bier-Dynastie hat ihr schlichtes Familiengrab nur wenige Meter weiter: die Wagners (5 – 17 – 38 | 39), die auch heute noch hinter der Augustiner Brauerei stehen. Als Brauer sind sie noch lange nicht allein auf dem Alten Südlichen Friedhof. Hier liegen unter anderem die großen Münchner Brauerei-Familien Pschorr, Trappentreu, Mathäser, Brey, Hierl oder Zacherl, deren Brauereien teilweise schon lange nicht mehr existieren.

F Am Grab eines verzweifelten Genies (13-1-07)

Geht man den Karl-Scharnagl-Ring auf der östlichen Seite Richtung Haus der Kunst, kommt man an einer kleinen unauffälligen Straße, der „Bürkleinstraße" vorbei. Sie ist von Wohnblocks geprägt und führt in das Herz des Münchner Lehels hinein.

Dennoch ist es kein Zufall, dass sie auf der Rückseite des Gebäudes der Regierung von Oberbayern liegt. Die Straße wurde nach dem Mann benannt, der als Erbauer der Maximilianstraße gilt und vor dessen Grab wir nun stehen: Friedrich Bürklein.

Der in Mittelfranken geborene Bürklein war neben August von Voit der bedeutendste Schüler Friedrich von Gärtners. Gärtner gehörte mit seinem Rundbogenstil zu den Favoriten seiner Majestät König Ludwig I. und so richtet sich unser Friedrich Bürklein eben

Säule und Helm für den gefallenen Sohn – der Vater ein Genie: Grabmal des Architekten Friedrich Bürklein

auch nach dem Geschmack des Herrschers. Große Beachtung fanden seine Bahnhofsbauten wie der Pasinger oder der „Neue Centralbahnhof" von 1849. Bei der Fertigstellung ist Ludwig I. bereits Privatier und sein Sohn Max II. besteigt den Thron. Beeindruckt von Bürkleins Werk, spannt Max ihn umgehend für seine städtebaulichen Pläne ein. Umgehend unterwirft sich Bürklein den Wünschen seines Königs und erschafft für ihn den sogenannten „Maximiliansstil". Auffallende vertikale Gliederung, spitzbogige Arkadenelemente, helle Terrakottaverkleidung und Scheinfassaden in Bezug auf die Geschosseinteilung sind die Hauptmerkmale dieser neuen Architektur.

Der sehr sensible Bürklein hatte nicht die Kraft, sich als selbstbewusster Architekt gegen die sich ständig ändernden Wünsche Max II. durchzusetzen und so verloren seine Bauten an Stimmigkeit. Kaum ein anderer Architekt seiner Zeit war derartigen Anfeindungen und Kritik ausgesetzt wie er. Als „Kachelofenstil" verschrien, vom König abgelöst starb Bürklein nur 59-jährig in geistiger Umnachtung.

Bei aller Kritik wollen wir nicht vergessen, dass es bis heute eine Tradition in München zu sein scheint, Neuartiges erst einmal in der Luft zu zerreißen, bis es dann irgendwann Eingang in die Herzen der Münchner findet. Dies gilt auch für Bürkleins Bauten, allen voran dem wunderschönen Gebäude der Regierung von Oberbayern und dem Maximilianeum.

Sein Grab ist säulenartig gestaltet, beinahe martialisch und doch wieder bescheiden. Auch ist er nicht der einzige Vertreter seiner Zunft auf unserem Friedhof. Die Baumeister Jean Baptist

MÜNCHNER LIEBLINGSTOUREN

Zweisamkeit über den Tod hinaus: das Grab des Ehepaares Vermeersch

Métivier, Emanuel Josef von Herigoyen, Karl von Fischer, Gabriel von Seidl oder Georg von Hauberrisser – um nur einige zu nennen – sind ebenfalls in allernächster Nähe beerdig. Und ein Jeder von ihnen könnte seine ganz eigene Geschichte erzählen ...

G Vereint im Tode wie im Leben ... (17 – 1 – 25|26)

Weiter auf dem mittleren Weg unterwegs, halten wir inne vor einem Grab auf der rechten Seite, dass die Porträtbüsten des Ehepaars Vermeersch zeigt. Den Münchnern sind sie eher unbekannt, keine Straße ist nach ihnen benannt. Ihre Geschichte ist allerdings so rührselig, dass wir kurz von ihnen hören wollen.

Der gebürtige Belgier Ivo Ambros Vermeersch (1809 – 1852) kam nach gründlicher Ausbildung zum Architekturmaler 32-jährig nach München und ehelichte ein paar Jahre später Amalie, geb. Dahl. Von dieser Ehe wird berichtet, dass sie von tiefster und innigster Liebe geprägt gewesen sei. Nun trug es sich so zu, dass Amalie so schwer erkrankte, dass „auch die leiseste Hoffnung jemals eintretender Genesung verschwunden war". Vermeersch, der nicht vom Krankenlager seiner geliebten Gattin wich, erlitt „in Folge unausgesetzter Theilnahme und schmerzlicher Aufgeregtheit über die großen Leiden seiner Gattin" am 24. Mai 1853 eine Gehirnthrombose und verstarb nur wenige Stunden vor seiner geliebten Frau. Es wird berichtet, dass die Anteilnahme nicht nur unter den Münchnern, sondern auch unter den zeitgenössischen Künstlern so groß war, dass eine „ansehnliche Zahl Kunstgenossen des verlebten Meisters mit brennenden Fackeln vor den zwei bekränzten Särgen daher zog".

1853 wurde im Auftrag des ehemaligen Königs Ludwig I. das Grab mit den beiden Porträtbüsten errichtet. Die beiden Büsten wirken, als seien sie von einem „Seelenhäuschen" umgeben, glaubte man doch früher noch, dass die Seele des Verblichenen noch drei Tage am Grabe verweilt, bevor sie wieder aufersteht. Und dafür sollte die Seele ein sie schützendes Häuschen haben. Wie auch immer, das Schicksal des Ehepaares berührt uns auch über 170 Jahre später noch.

Kurz wollen wir im Mittelpunkt des sich vor uns öffnenden Halbkreises innehalten und setzen uns dazu auf eine der Bänke, die hier im Rondell aufgestellt sind. In gerader Achse können wir auf die

Stephanskirche zurückschauen, in der anderer Richtung blicken wir auf das „Lapidarium", die ehemalige Aussegnungshalle, die heute als kleines Museum fungiert und über Grabkunst sowie Begräbniskultur informiert.

Werfen wir nochmal einen Blick auf unseren Plan und begeben uns

zurück in die 1820er Jahre und blicken den Friedhofsgestaltern Vorherr und Sckell über die Schultern. Es ist die postnapoleonische Zeit, die Zeit der Aufklärung, die sich auch in der Begräbniskultur bemerkbar macht. Noch gilt der Klassizismus, der sich in der strengen Symmetrie des Vorherr'schen Grundrisses niederschlägt. Neu ist aber zu dieser Zeit definitiv die Begrünung des Friedhofs, für die der große Landschaftsarchitekt Ludwig von Sckell verantwortlich zeichnet, wenn auch in einem geringen Rahmen, als von ihm eigentlich gewünscht. Der Friedhof wurde erheblich erweitert, erstmals mit Grabfeldern strukturiert und – was vielleicht das Wichtigste ist – er geht von einem „Leichenacker" zu einem „Ruheort" über. Die Grabkultur verändert sich radikal, ebenso wie die Sicht der Menschen auf den Tod. Aus der Jenseitsbezogenheit, also der ständigen Ausrichtung des eigenen Lebens auf eine Zeit nach dem Tod, wird eine mehr und mehr auf Repräsentation ausgelegte Erinnerungskultur um die Verstorbenen. Der Verstorbene und das Gedenken an ihn haben jetzt Bedeutung und dies schlägt sich in einer schier unendlichen Fülle beeindruckendster Grabdenkmäler nieder. Das ist es, was wir heute trotz der immensen Kriegszerstörung in diesem einzigartigen Friedhof genießen dürfen. Unser Friedhof ist alles gleichzeitig: Begräbnisstätte, Sehenswürdigkeit, Park und Biotop inmitten unserer Stadt.

H Wer ko der ko – ein Münchner Original (17 – 9 – 57)

„Wer ko der ko ..." – einer der bekanntesten lokalen Aussprüche, der schon lange zum geflügelten Wort geworden ist. Wer von uns hat es noch nicht benutzt, wann immer es in heiter süffisantem Kontext

Groß im Leben, bescheiden im Tod: das schlichte Grab des Lohnkutschers Franz Xaver Krenkl

passend war! Aber wer tat diesen Ausspruch?

Es war der 1780 in Landshut geborene Franz Xaver Krenkl, der wie kein zweiter als derb-bärbeißiger Bayer galt und trotz seiner niederbayerischen Herkunft zum Altmünchner Original avancierte.

Der eigentlich gelernte Uhrmacher kam mit 26 Jahren nach München und wird schnell zum Pferdenarr. Ecke Bayer-/Schillerstraße eröffnet er einen Pferdehandel und bietet seine Lohnkutscherei recht erfolgreich der gehobenen Münchner Gesellschaft an. Dabei sparte er nie mit urbayrischen Kraftausdrücken und förderte seinen eigenen Ruf eines „bayerischen Urviechs". So soll er bei einem Theaterbesuch wegen Ruhestörung im Disput mit dem Ministerialbeamten Fuchs gesagt haben: „So? Daß Sie a Viech san, hab i mir freili glei denkt, aber für an Fuchs hätt i Eahna net ghalten!"

Auf dem ersten Pferderennen, während der „October-Festen" auf der „Theresens-Wiese" 1810 wird Krenkl mit seinem Pferd dritter, später gewinnt sein Rennstall bei derselben Veranstaltung zigmal den ersten Platz.

Endgültig berühmt geworden ist Krenkl mit seinem Ausspruch „wer ko der ko". Es wird berichtet, dass es sich bei einer sonntäglichen Spazierfahrt seiner Majestät Ludwig I. zugetragen haben soll, als dieser vom Chinesischen Turme auf dem Wege zum Kleinhesseloher See unterwegs war. Krenkl, unterwegs mit einem prächtigen Sechsergespann überholte trotz Verbot die Kutsche des Königs, der ihn gefragt haben soll „Aber, Krenkl, weiß Er denn nicht, daß Er das nicht tun darf!" woraufhin eben jene knappe Antwort erfolgt sein soll „Majestät, wer ko, der ko!"

Geschichten, dass der König sich später dadurch revanchierte, dass er die Krenkl'sche Hofausfahrt mit seinem Gefolge blockierte, gibt es freilich auch. Aber wie ein weiteres, ebenfalls hier bestattetes Münchner Original, nämlich Josef Huber, besser bekannt als „Finessen-Sepperl" schon so treffend sagte: „Nix gwiss woas ma ned".

Gewürdigt werden die beiden neben anderen Münchner Originalen in den Gewölbeecken des Münchner Karlstores. Also bei nächster Gelegenheit bitte unbedingt nachschauen, ob sie noch da sind.

Gehen wir weiter zu unserem nächsten Grab Richtung Thalkirchner Straße, so fällt schnell auf, dass das 19. Jahrhundert von Männern dominiert wurde. Hochtrabende Titel und klangvolle Berufsbezeichnungen ehren die Grabinschriften verdienter Männer. Ihre Ehefrauen müssen sich zumeist mit einer einfachen Formel begnügen: Berufsbezeichnung Ehemann plus „Gattin" oder plus „Witwe" beschreibt in nicht enden wollenden Titeln das Bild der Ehefrau im 19. Jahrhundert: so werden die Ehefrauen hier beispielsweise als „Kriegskassakontrolleurs-Witwe", Advokatens- und Wechselnotars-Witwe, Staatsbahnoberkondukteurs-Witwe, Sandgrubenbesitzers-Witwe oder als Appellationsgerichtspräsidentens-Gattin bezeichnet. Frauen in leitenden Positionen oder als Firmeninhaberinnen? So gut wie Fehlanzeige im 19. Jahrhundert.

I Wo ist die Spitzeder? (18 – 14 – 26)

Manch eine Dame aber hat doch deutlichere Spuren hinterlassen, zum Teil so deutlich, dass man in unserem Fall die Dame lieber anonym beerdigt hat, so dass wir ihren Namen an diesem Grab gar nicht finden können. Die hier erwähnten Schmids hießen eigentlich gar nicht Schmid, sondern trugen den Nachnamen „Spitzeder", der wegen unserer Adele so negativ behaftet war, dass ein Gesuch auf Namensänderung der Familie positiv beschieden wurde. Was war geschehen?

Unsere Adele Spitzeder wurde 1832 in Berlin geboren. Ihr Weg führte sie nach München, wo ihre Halbgeschwister aus der ersten Ehe Ihres Vaters lebten. Wie ihre Mutter begann sie eine Gesangs- und Schauspielkarriere, ein großer Durchbruch wollte aber nie gelingen. Sie kehrt nach München zurück und beginnt 1869 mit zweifelhaften Geldgeschäften nach dem Schneeballprinzip. Das System funktioniert denkbar einfach: die „Spitzederin" versprach hohe Zinsen, die sie von dem Geld der Gläubiger zahlte. Wichtig war es, das System ins Rollen zu bringen. So brachte sie binnen kürzester Zeit die Pfarrer auf dem Land auf ihre Seite, indem sie sich als besonders mildtätig und fromm zeigte. Die Priester sprachen in den höchsten Tönen über sie von der Kanzel herab, allen voran die Priester des Kreises Dachau, dessen Bauern, Tagelöhner und einfache Handwerker sofort in Scharen ihr Geld zur „Spitzederin" nach München brachten und so dem Unternehmen den Namen „Dachauer Bank" einbrachten. Binnen der zweieinhalb Jahre

Wenn man sich der Verwandtschaft schämt: Grab der nicht erwähnten Adele Spitzeder

bis zu ihrer Verhaftung *überrannten sie gutgläubige Menschen in einer Art und Weise* mit Geld, dass sie zeitweise nicht wusste, wie man das Geld wo stapeln sollte. Adele legte das Geld nie an, im Gegenteil: sie begann in Saus und Braus zu leben und kaufte zahlreiche Immobilien, bezog ein vornehmes Haus in der feinen Schönfeldvorstadt. Es kam, wie es kommen musste, als mehrere Gläubiger im November 1872 die Auszahlung ihrer Wechsel forderten: Verhaftung, Prozess und Tod in verarmter Einsamkeit beenden das Kapitel einer bizarren Persönlichkeit, die einen der größten Bankenskandale überhaupt ausgelöst hat. Ca. 30.000 Anleger wurden geschädigt, für viele bedeutete es den finanziellen Ruin. Trotzdem bleibt sie – die anonym bestattete Adele Spitzeder – eine der faszinierendsten Persönlichkeiten in der Münchner Stadtgesellschaft des 19. Jahrhunderts. Würde ihr Name auf dem Grabstein stehen, welchen Titel hätte man ihr wohl zugedacht?

Säulenhalle mit Übergang zum Neuen Teil

Es wird Zeit, dass wir uns dem „Neuen Teil" des Friedhofs widmen. Dazu gehen wir durch den dreischiffigen, nach allen Seiten offenen Sichtziegelbau mit den schlichten und doch markanten Säulengängen.

J Ein königliches Triumvirat (NA – 1 | NA – 175 | NA – 171)

Gleich nach dem Durchgang erwarten uns zur linken und zur rechten Seite drei richtig große Schwergewichte aus der Regentschaftszeit König Ludwig I.

Links das Grabmal von Ludwig, Ritter von Schwanthaler (NA – 1) mit einer Portraitbüste des jungverstorbenen großen Bildhauers und Erschaffers der Bavaria. Ludwig I. war nicht nur Förderer Schwanthalers, sondern auch Stifter seines Grabmals

Das erste Grabmal rechts ist keinem geringeren als dem Erbauer des Neuen Teils, Friedrich von Gärtner (NA – 175) gewidmet. Er starb 1847 drei Jahre vor der Fertigstellung der als Campo Santo entworfenen Erweiterung. Zunächst in den Alten Arkaden beigesetzt, wurde Friedrich von Gärtner dann als erster im Neuen Teil bestattet. Gärtner, erbitterter Kontrahent Leo von Klenzes, baute große Teile der Ludwigstraße und traf mit seinem monumental wirkenden „Rundbogenstil" voll und ganz den Geschmack des repräsentationssüchtigen Monarchen. Auch dieses Grab wurde von Ludwig I. – diesmal bereits als Privatier – gestiftet.

ÜBER DEN ALTEN SÜDFRIEDHOF → **TOUR 09**

Monumentalgrabstätten für drei große Männer: Ludwig von Schwanthaler, Friedrich von Gärtner und Leo von Klenze (v.l.n.r.)

Der dritte im Bunde ist Leo von Klenze (NA – 171), der unweit von seinem Erzkontrahenten Gärtner zur Ruhe gebettet wurde. Klenze war überzeugt, der Baustil der alten Griechen sei der einzig wahre und so bestimmte der Klassizismus sein ganzes Schaffenswerk. Endlos wäre die Liste von Klenzes Werk nicht nur in München, sondern auch in Athen oder St. Petersburg, aber um es kurz zu machen: dieser die Vertikale und Horizontale strikt betonende Architekt, der als „Hofbauintendant" 46 Jahre lang der mächtigste Baubeamte Bayerns war, prägt das ludovicianische München wie kaum ein zweiter und trug erheblich dazu bei, München zu der Kulturmetropole zu machen, die es bei seinem Tod 1864 war. Ludwig I und Leo von Klenze verband nicht nur das Dienstverhältnis und die daraus resultierenden ca. 1.700 Briefe, sondern ein ganz besonderes Datum: Leo von Klenze wurde an einem 29. Februar des Schaltjahres 1784 geboren, Ludwig I. stirbt im Schaltjahr 1868 ebenfalls an einem 29. Februar.

K Ein kleines Grab für eine große Frau (23 – 1 – 12|13)

Ziemlich zentral im Neuen Teil liegt das Grab der Frauenrechtlerin, Wegbereiterin, Aktivistin und Landtagsabgeordneten Ellen Ammann. Dieses Innehalten an ihrem Grab dient nicht der Hebung der

Frauenquote, als es für mich vielmehr der Versuch ist, das unglaubliche Lebenswerk dieser Frau auch nur im Ansatz zu würdigen.

Ein Leben wie es abwechslungsreicher nicht hätte sein könnte: 1870 in Schweden geboren, aus Überzeugung zum katholischen Glauben gewechselt, der Liebe wegen nach München gegangen. Schnell nimmt die Frau, die scheinbar ganz nebenbei auch noch sechs Kinder großzieht, die sozialen Missstände der weiblichen Bevölkerung wahr. Sie wird Mitbegründerin des „Marianischen Mädchenschutzvereins", der heute noch als IN VIA e. V. besteht. Sie gründet die katholische Bahnhofsmission München, um junge, nach München strömende Mädchen vor dem Zugriff der Mädchenhändler und Zuhälter zu schützen. Die tiefgläubige Frau wird in ihrem Leben noch so viele Einrichtungen gründen und mitanstoßen, dass eine Aufzählung unseren Rahmen sprengen würden. Als im November 1918 das aktive und passive Frauenwahlrecht verkündet wird, schafft es Ellen Ammann auf Anhieb als eine von acht Frauen einen Sitz im Bayerischen Landtag zu erringen. Eine bedeutende Rolle wird Ammann beim Hitler-Ludendorff-Putsch im November 1923 spielen, als sie durch beherztes Eingreifen und frühzeitiges Warnen weiterer Regierungsmitglieder ein Gelingen des Putsches mit vereitelt. In der Folgezeit warnt sie immer wieder vor den Folgen eines Erstarkens der Nationalsozialisten. Als Ellen Ammann am 22. November 1932 eine Rede im Landtag hält, erleidet sie einen Schlaganfall. Wenige Stunden später verstirbt diese große Wegbereiterin, die in ihrem Leben Türen geöffnet hat, durch die wir heute wie selbstverständlich gehen.

L Abschied vom Friedhof: die Schönste zum Schluss (38 – 3 – 25)

Was könnte ein schönerer Abschluss sein, als unsere Tour an dem Grab der Dame zu beenden, die als die „Schöne Münchnerin" in die Geschichte eingegangen ist? Helene Miller, geb. Sedlmayr, 1813 geboren als Tochter eines Schuhmachermeisters in Traunstein, führte das Leben nach München. Als Botengängerin eines Hoflieferanten wurde sie vom König entdeckt und wie 35 weitere Damen von „erlesenster Schönheit" vom Hofmaler Karl Stieler (ML – 248 | 249) in den Jahren 1826 – 1850 gemalt. Helene, die mit ihrem treu unschuldigen Blick den Betrachter anblickt, wurde zum Inbegriff des fesch

ÜBER DEN ALTEN SÜDFRIEDHOF → **TOUR 09**

Links: Schön im Leben, bescheiden im Tod: die Grabstätte der Helene (Miller, geb.) Sedlmayr. Rechts: Vom König verehrt, von Stieler gemalt: Gemälde der Helene Sedlmayr in der Schönheitengalerie in Schloss Nymphenburg

tugendhaften Bürgermädchens. Sie wurde mit dem Kammerlakai Miller verheiratet, gebar zehn Kinder und erreichte das stolze Alter von 85 Jahren. Ob sie im Alter immer noch so schön war, ist nicht bekannt und Schönheit ist vergänglich, so viel wissen wir.

Unvergänglich scheint die Schönheit unseres altehrwürdigen Friedhofs zu sein. Im Gegenteil: Egal in welcher Jahreszeit ich ihn besuche, die Anziehungskraft ist ungebrochen und stets gibt es ein neues Detail zu entdecken. Ich durfte ein kleines Stück mit Ihnen über diese Oase der Friedlichkeit gehen und freue mich, wenn ich Sie angesteckt habe mit der Neugier auf diesen atemberaubenden Ort.

Tipp: Suchen von Gräbern gehört auf einem Friedhof einfach dazu, auch wenn es etwas länger dauern kann. Für mehr Informationen empfehle ich das Werk von Reiner Kaltenegger: Gräber des Alten Südfriedhofs München. Inschriften · Biographien (www.suedfriedhof-muenchen.de)

Es ist in jahrelanger Arbeit entstanden und dokumentiert wie kein anderes Werk den gesamten Friedhof. Ich bedanke mich bei Reiner Kaltenegger für seinen Rat und seine Unterstützung.

Hans-Joachim Wehlmann

Das Westend

Münchner Stadtentwicklung im 19. und 20. Jahrhundert

Das Westend liegt auf der westlichen Hangkante des Isarurstromtals als Fortsetzung der Ludwigsvorstadt nach Westen. Einen alten Siedlungskern wie in Haidhausen oder Schwabing gibt es nicht. Keimzelle sind Gewerbe- und Industrieansiedlungen. Und die Menschen folgen. Wo man arbeitet, wohnt man. Der flächenmäßig kleinste Münchner Stadtbezirk mit der zweithöchsten Einwohnerdichte ist umschlossen von der Eisenbahn und der Theresienwiese. Die Entwicklung des Stadtteils verläuft von Ost nach West. Bis zur Ganghofer Straße sprechen wir von der Theresienhöhe als Teil des Westends.

Wo fast 400 Jahre, bis 1804, am Hochgericht hingerichtet wurde – am Übergang von der Bayer- zur Landsberger Straße – errichtete Joseph Pschorr 1823 seinen Sommerkeller, auch **„Bierfestung"** genannt 1 . Untergärige Hefe arbeitet nur bis 10 Grad Celsius. Und so braute man bis 23. April (Georgi) und lagerte ein (Lagerbier), bis man am 29. September (Michaeli) den Betrieb wieder aufnahm. Eine rasant zunehmende Einwohnerzahl – Münchens Bevölkerung wuchs im 19. Jahrhundert um den Faktor 10 – verlangte adäquate

Versorgung. In der Stadt war kein Platz, und so errichteten die Brauer riesige Lagerkeller beiderseits des Isarurstromtals. Noch heute zeugt davon die Kellerstraße in Haidhausen.

Schauen wir nach Norden, über die **Hackerbrücke** 2. Die „Maschinenbau Actien-Gesellschaft Nürnberg" (MAN) errichtete sie 1883/84, schuf damit die erste Fahrbahnverbindung zwischen dem Westend und der Maxvorstadt (Marsfeld). Die Schmiedeeisenkonstruktion wurde nach der Zerstörung im 2. Weltkrieg 1953 rekonstruiert und 1984 saniert.

In ihrer Mitte erhebt sich ein Aluminiumkoloss von einem Stellwerk. An dieser Stelle stand seit 1839 mit Eröffnung der Bahnlinie München – Lochhausen der erste Bahnhof von München.

„Am Galgenberg beim Marsfeld drauss'
steht a grosses Bretterhaus.
I hab die Hüttn a net kennt,
die Leut', die haben's Bahnhof gnennt."

So dichteten die Münchner damals. Aber nur bis 1847. Da brannte die „Hüttn" ab. Der Neubau von Friedrich Bürklein, dem Schöpfer der Maximilianstraße, wurde dann schon am jetzigen Platz des Hauptbahnhofs errichtet.

Wir verlassen die Hackerbrücke, nicht ohne uns vorzustellen, dass das Beobachten der ein- und ausfahrenden Eisenbahnzüge für die Müßiggänger unter den Münchnern damals einen beliebten Zeitvertreib darstellte. Und so nutzten sie die natürliche Hangkante als Tribüne.

Von der Hackerbrücke durch das Europäische Patentamt zur Westendstraße

Viele folgten Joseph Pschorr (1770 – 1841) nach. Auf den Bierkellern wurden Restaurationen – Biergärten – errichtet. Und so entstanden nach und nach Hacker-, Bavaria-, Spatenkeller und Schießstätte. Alle entlang der Hangkante zur Theresienwiese, der sogenannten Sendlinger Haid.

Die Brauereien folgten ab der Mitte des 19. Jahrhunderts. Die Söhne von Joseph Pschorr, Matthias und Georg führen den Hackerbräu der eine, die Pschorr Brauerei der andere. Ihre Betriebe liegen

DAS WESTEND → **TOUR 10**

Hackerkeller 1898

nebeneinander. 1972 fusionieren die beiden Aktiengesellschaften zur Hacker-Pschorr Bräu GmbH. 1982 von der Paulaner Brauerei übernommen, wird der Braubetrieb 1997 in die Au transferiert.

Das verwaiste Areal, mehrfach umgeplant, wird in der Bauphase vom Europäischen Patentamt gekauft, da dessen Hauptsitz an der Erhardtstraße vis à vis des Deutschen Museums zu klein geworden war. Die Stadt München griff städtebaulich ein und verlangte einen Durchgang von der Hackerbrücke zur Theresienwiese, die heutige Kurt-Haertel-Passage, benannt nach Kurt Haertel (1910–2000), dem „Vater des Europäischen Patentrechts".

Wir durchwandern die Betonwüste, gegliedert durch eine Installation des LandArt-Künstlers Hansjörg Väth, einem „**Erlebnisraum für Fußgänger**" 3 . Der Weg symbolisiert angeblich die menschliche Lebenszeit, eingespannt in den kosmischen Raum.

Die Passage endet an der Brücke über die Landsberger Straße. Hinter der Häuserzeile an der Martin-Greif-Straße spitzen die Türme der Paulskirche hervor. Der moderne Bau gegenüber gehört seit 2004 ebenfalls zum Europäischen Patentamt. Hier stand ursprünglich der **Spatenkeller** 4 , der am 17.12.1960 Zeuge des größten

Spatenkeller 1905, Ansicht Richtung Westen, heute „Stadtbalkon" des Europäischen Patentamts

Flugzeugunglücks Münchens wurde: Eine in Riem gestartete amerikanische Militärmaschine stürzt in die Martin-Greif-Straße. Das vollbetankte Flugzeug setzt unter anderem den Anhänger einer Straßenbahn in Brand und reißt eine Gasleitung auf. 52 Menschen sterben. Die Standortsuche nach einem neuen Flugplatz wurde daraufhin eingeleitet. Eine Treppe und ein Fahrstuhl führen von hier, vom sogenannten „Stadtbalkon", hinunter in die Westendstraße.

Westend-, Schwanthaler- und Schießstättstraße

Ein guter Standort, um uns dem Namen dieses Stadtteils zu widmen. Denn eigentlich beginnt hier der Haderer Weg. Warum wurde dieser umgetauft? Daran ist das Stadtmarketing schuld, das man allerdings vor 150 Jahren nicht so nannte. Ab 1850 lockt die Stadt viele Betriebe, die man nicht mehr im Inneren „riechen" möchte, auf die Sendlinger Haid, so hieß die Schwanthalerhöhe damals, Teil der Gemeinde Untersendling und des Weilers Friedenheim, zu Laim gehörig. Der Vorort wird mit der Eingemeindung von Sendling (1877) und Laim (1900) Münchner Stadtgebiet.

Es stinkt erbärmlich. Da ist nicht nur die Lage an Bayerns ältester und meistbefahrener Bahnstrecke. Schlimmer als der Rauch der Dampflokomotiven sind die Gerüche der Industrie:

- Brauereien: die „Bierfabriken" von Hacker, Pschorr und Augustiner,
- die Schwefelsäurefabrik Bucher, deren Betrieb 1873 von der Bezirksinspektion gestoppt wird, da die Bäume auf der Landsberger Straße abgestorben sind und das Grundwasser als gefährdet gilt,
- Joseph Beck'sche Dachpappen und Teerfabrik („Teerbeck"),
- Drei Leimsiedereien,
- Lack- und Firnisfabrik Gäfgen,
- Essig- und Spritfabrik Holzapfel, ab 1875 auch noch städtischer Latrinenreiniger.
- Nicht zu vergessen: Metzeler. Seit den Siebzigern produziert der frühere Parfumeur aus der Kaufingerstraße industriell „Kautschukwaren". Bereits 1905 beschäftigt das Unternehmen rund 1.000 Mitarbeiter.

Abgesehen vom Gestank: Die Bewohner sind die ersten Industriearbeiter in einer Stadt der „wohlhäbigen" Beamten, wie Oskar Maria Graf sie nennt. Hier gibt es Proletarier, hier will man nicht hin. Und so nehmen sich die Stadtväter ein Beispiel an New York, London und Frankfurt am Main. Dort ist das Westend das vornehmste Stadtviertel. Kurzerhand wird die Sendlinger Haid umgetauft. Nachvollziehbar, dass die Wohlhäbigen den Marktingcoup durchschauten. Der Schuss ging darüber hinaus nach hinten los, herrschen doch in München hauptsächlich Westwinde. Der Geruchscocktail waberte in die Innenstadt. Auf der anderen Seite, hinter dem Ostbahnhof, 1871 fertig gestellt, herrschten vergleichbare industrielle Verhältnisse, allerdings meist ohne die Gerüche für die Altstadt.

Wir folgen der Schwanthalerhöhe Richtung Theresienwiese und passieren die „**Rote Burg**" 5 . Ihre einstige skurrile Pracht lässt sich nur noch erahnen. Es fehlt ein Teil, den der Krieg wegriss, sowie der Wassergraben und die Zugbrücke. Hausherr war Georg Hauberrisser (1841 – 1922), dessen Kopf als Skulptur mit

Skulptur des Kopfes von Georg Hauberrisser an seinem 1879 fertig gestellten Wohnhaus

Renaissancehut vom Erker in die Schwanthalerstraße blickt. Der Architekt des Neuen Rathauses und der Paulskirche war seinerzeit ein berühmter Mann, herausragender Vertreter des Historismus. Allein mit dem Münchner Rathaus war er 40 Jahre beschäftigt, und es heißt, er habe nie die Kostenvoranschläge eingehalten. Ob er jemals sein Studium der Architektur abgeschlossen hat? Es gibt Zweifel.

Drehen wir uns um, zum **Forum Schwanthalerhöhe** 6, dem Beton gewordenen Traum des Josef Schörghuber (1920–1995), Bauingenieur aus Mittaraham bei Mühldorf. Nach Krieg und Gefangenschaft gründet er ein Imperium: Bayerische Hausbau, Fluglinie Bavaria, Arabella Hotelgruppe, Coca-Cola-Abfüller, Brauereibesitzer von Hacker-Pschorr und Paulaner. Nach ersten Gewinnen mit der Errichtung von Wohnblocks, kauft er Grundstücke im Osten Münchens und bebaut sie. So entstehen Arabella- und Zamilapark. Schörghuber weiß, dass die Brauereien nach der Post die größten Grundbesitzer in München sind. Also erwirbt er Hacker-Pschorr und Paulaner. In der Folge werden Brauereien fusioniert, wird Brauereigelände aufgelöst bzw. verlegt. Und neu bebaut. Der Kulturschock treibt die Bewohner der Schwanthalerhöhe auf die Straßen. Es hilft nichts.

Wandern wir an der Schwanthalerstraße nach Westen und bleiben an der Einmündung der Schießstättstraße stehen. Die Eck-

Betonarchitektur auf der Schwanthalerhöhe

An der Kreuzung Schwanthaler-, Schießstättstraße

bauten 7 waren mehr als ein Jahrzehnt Stein des Anstoßes im Viertel: baufällige denkmalgeschützte Häuser, deren Eigentümer die Gebäude lieber abreißen als sanieren wollten – zu ihren Bedingungen. Die Stadt hatte keine Handhabe. Bürgerinitiativen forderten die Enteignung, Bauzäune sicherten die Fußgänger, Stillstand! Es hat Jahre gedauert, bis die Sanierer anrückten.

Schauen wir 170 Jahre zurück: Die Menschen wollen arbeitsnah wohnen. In den Fabriken, Brauereien oder der Bahn: auf der anderen Seite des Schienenstrangs nach Augsburg im Ausbesserungswerk und beim Lokomotivenbauer Krauss. Sie sind Zuzügler, vornehmlich aus Niederbayern und der Oberpfalz, froh, Arbeit zu finden, brauchen wenig Wohnraum. Die Wohnungen werden geteilt, geviertelt, geachtelt, untervermietet. „Schlafgänger" oder auch „Aftermieter" finden zumindest ein Bett. Zum Schichtschlafen für Saisonarbeiter in den Brauereien wird von den Vermietern ein Strohsack gestellt.

Wo kommen die Arbeiter – bis zur Flaschenbierabfüllung ab der Jahrhundertwende sind es hauptsächlich Männer – unter? Zwischen 1850 und 1875 sind die Neubauten meist ebenerdige Einzelhäuser. Ab 1865 werden mehrstöckige Mietshäuser (ganz was Neues!) errichtet. Der Boden ist meist kleinzellig parzelliert (200 bis 300 qm). Die Parzelle wird mit einem Mietshaus bebaut und schnell gewinnbringend verkauft. Gängig ist ein 10maliger Besitzerwechsel, bis ein im Viertel ansässiger Investor, Handwerker, Krämer, Gastwirt das Gebäude erwirbt und behält. Für Mieter: Ein Fünftel aller Wohnungen wird nicht länger als fünf Monate bewohnt, die Hälfte nicht länger als zwei Jahre. Gerade billige Wohnungen erfahren häufigen Mieterwechsel durch „Trockenwohnen": Der Erstmieter zahlt wenig, bis Putz und Farbe abgetrocknet sind. Dann wird die Miete erhöht. Arme müssen permanent die Wohnung wechseln – Immer wieder in ein ungesundes Wohnklima.

Bis 1880 – im Westend leben inzwischen 7.500 Einwohner – fehlt jegliche Infrastruktur: weder Schule noch Kirche noch Postamt! Man muss sich die Bevölkerungsentwicklung vor Augen führen:

1800: 2 Häuser
1836: 38 Häuser, 76 Familien
1870: 1.000 EW
1900: 34.000 EW

Durch das Alte Messegelände zur Ganghoferstraße

Wir gehen die Schießstättstraße in Richtung Theresienwiese entlang. Zur Linken die Betonhochhäuser der Bayerischen Hausbau, zur Rechten teilweise noch Altbauten aus dem Ende des 19. Jahrhunderts, passieren wir die Gollierstraße. Wir erreichen den Alte-Messe-Platz. Gegenüber, auf der anderen Seite der Heimeranstraße, öffnet sich ein Spalt zwischen den Fassaden der Neubauten auf dem **ehemaligen Messegelände**. Die Schlangenlinie **8** dieses Spalts ist unser Pfad durch ein Areal, das über mehr als 10 Jahre, nach der Verlegung der Münchner Messe nach Riem 1998, einen neuen Stadtteil entstehen ließ.

Doch der Reihe nach: Wir blicken auf das Westend gegen Ende des 19. Jahrhunderts. Wuchs der Stadtteil zu dessen Beginn von Ost nach West, so arbeitet er sich nun unaufhörlich entlang der heutigen Ganghoferstraße in Richtung Süden vor. Das missfällt dem Kronprinzen, dem späteren König Ludwig III.: Er warnt vor einer Gefährdung des Gesamtbildes der Ruhmeshalle mit der Bavaria und ihrem Park. Er möchte das Werk seines Großvaters Ludwig I. vor den Proletariern schützen. Die Stadt nimmt sich des Themas an und kauft Grundstücke rund um das Denkmalensemble. 1895 präsentiert Theodor Fischer (1862–1938), der damalige Leiter des Stadt-

Neubauten auf dem ehemaligen Messegelände

planungsamtes – von ihm wird noch die Rede sein – die Idee eines Ausstellungsgeländes. 1901 übernimmt Gabriel von Seidl (Stachusrondell, Künstlerhaus, Lenbachhaus, Augustiner Bräuhaus) das Projekt: Wie eine Glocke umhüllt das Ausstellungsgelände den Bavariapark. 1908, zur 750-Jahr-Feier Münchens erfolgt die Eröffnung. Neben der kommerziellen Nutzung wird das Ausstellungsgelände auch kulturell zu einem Zentrum. So dirigiert Gustav Mahler in der Halle 1 1910 die Uraufführung seiner 8. Symphonie.

Mehr als 50 Jahre später, 1964, das Messewesen in München professionalisiert sich: Mit der Gründung der „Münchner Messe- und Ausstellungsgesellschaft" werden die bisher von unterschiedlichen Gesellschaften an unterschiedlichen Standorten betriebenen Veranstaltungen zusammengefasst. Bereits 20 Jahre später sind die Kapazitätsgrenzen auf der Schwanthalerhöhe erreicht, man beschließt den Umzug nach dem 1992 freiwerdenden Gelände des Flughafens in Riem. 1996 finden die ersten Planungsworkshops mit Anwohnern statt, 1997 gewinnt das Büro Steidle den Ideenwettbewerb für die Überplanung des Geländes, 1998 wird die Messe nach Riem verlegt, die Messehallen bis auf denkmalgeschützte Hallen und das Kongresszentrum abgetragen. Bis 2010 entsteht ein neues Stadtquartier auf 400.000 Quadratmeter, mit neuem Bavariapark, mit dem Verkehrszentrum des Deutschen Museums in den alten Messehallen, mit 25.000 Quadratmeter Büro-, Einzelhandels- und Gewerbeflächen. Dazu 1.600 Wohnungen, davon 40 Prozent öffentlich gefördert. Am auffälligsten ist der neue Wohnturm von Otto Steidle, anfangs heftig kritisiert, den wir rechts hinter Bäumen und der Rückseite der denkmalgeschützten Halle 2 des ehemaligen Messegeländes aufragen sehen.

Wir stehen vor einem ausladenden hellen Platz, vor uns das Hotel „Augustin". Links von uns: eine behäbige Walmdachvilla 9 . Hier ist die **Edith-Haberland-Wagner-Stiftung** zu Hause. Die letzte Erbin aus der ehemaligen Eigentümerfamilie Wagner der Augustiner Brauerei wandelte ihre 51 Prozent Anteile in eine Stiftung um. Seitdem gehen 51 Prozent der Gewinne der Augustiner Brauerei in wohltätige Zwecke, was den ehemaligen Münchner OB Christian Ude zu dem Bonmot inspirierte: „Der erste Schluck ist eine Wohltat, der zweite eine Wohltätigkeit".

Vorbei am Hotel, den denkmalgeschützten Restaurationen „Kongresshalle" und „Kongressbar", betreten wir den weiten Platz vor der ehemaligen Halle 1 10 , dem heutigen **Verkehrszentrum des Deutschen Museums** und sehen schon von Weitem eine überdimensionale Schnecke. Warum die wohl vor dem Verkehrsmuseum platziert wurde?

Hinter ihr erheben sich die Bäume des **Bavariaparks** 11 . Zwischen 1826 und 1831 lässt Ludwig I. (reg. 1825 – 1848) Grundstücke

Die Edith-Haberland-Wagner-Stiftung

DAS WESTEND → **TOUR 10**

Das Verkehrszentrum des Deutschen Museums

auf der Sendlinger Haid aufkaufen und einen Eichenhain anlegen. Geplant war eine Villa „Theresienburg" zu Ehren seiner Ehefrau, die er 1810 geheiratet hatte, was den Anstoß zum Oktoberfest gab. Bei Einweihung der Ruhmeshalle und der Bavaria 1853 erhielt der dazugehörige Park seinen heutigen Namen. Dieser Englische Garten diente als Naturkulisse, als „Heiliger Hain" für die Erwählten der Ruhmeshalle, welche die großen Geister Bayerns beherbergt und war für Sterbliche gesperrt. 1872 wird der Park für die Öffentlichkeit zugänglich. Mit der Eröffnung der Messe 1908 erfolgt eine Umgestaltung. Er wird in den Ausstellungspark als Zentrum einbezogen und mit zahlreichen Plastiken zu einem Gesamtkunstwerk. Das ursprüngliche Konzept lebt 1999 wieder auf. Mit dem Abbruch der Messehallen wird der Park, den die Anwohner zu Messezeiten nicht betreten konnten, wiederum Allgemeingut.

Wir wenden dem „Wirtshaus am Bavariapark" den Rücken zu und bewegen uns auf einer breiten Trasse – „Am Bavariapark" – entlang der Halle 1 auf die Ganghoferstraße zu.

Von der Ganghoferstraße zum Ledigenheim

Die Bahntrasse vom Hauptbahnhof zweigt seit 1868 in einem großen Bogen westlich der Donnersbergerbrücke ab nach Süden (Großhesselohe, Holzkirchen) und Osten (Ostbahnhof). Vorher verlief diese Trasse weiter östlich. Als der Kurvenradius für die größeren Lokomotiven und Waggons zu eng wurde, musste sie aufgegeben werden. An ihr entlang verläuft seither die Ganghoferstraße, die Trennlinie zwischen 19. (östlich) und 20. Jahrhundert (westlich).

Die „Grüne Mollei", Ansicht von der Ridlerstraße

Wir stehen gegenüber der Anglerstraße und blicken auf die „**Mollblöcke**" 12 , Projekte des Münchner Bauunternehmers Leonhard Moll. Sie sind Teil der Ausstellung „Heim und Technik", die 1928 stattfand. Am Objekt wurden technische Entwicklungen für den Haushalt, Verbesserungen in der Sanitätsausstattung, Heizungen, Beleuchtungen, 21 eingerichtete Wohnungen präsentiert. Links die „Grüne Mollei", ein Leitbild für den gehobenen Mittelstand. Sie gilt als eines der wenigen Beispiele der Moderne in München. Der Architekt Otho Orlando Kurz (1881–1933) „verzierte" den funktionalen Block mit runden Balkonen. Die Haustechnik war vom Feinsten mit Aufzügen, Zentralheizung und Münchens erster Tiefgarage.

Rechts der „**Sandtnerhof**" 13 von Theodor Fischer (Polizeipräsidium, Hauptfeuerwache), der mit diesem Bau seinen Bruch vom Historismus zur Neuen Sachlichkeit vollzieht (form follows function). Zehn Häuser mit vier Geschossen reihen sich um einen begrünten Innenhof aneinander. Die 2- bis 4-Zimmer-Wohnungen sind alle mit unbelichteten Bädern (!) und Kachelöfen (siehe die Schornsteine) ausgestattet. Im Attikageschoss (oberster Stock) finden sich Gemeinschaftswaschküchen, Trockenräume und allgemein zugängliche Terrassen.

Die „Umschreibung" von Olafur Eliasson

Wir bleiben auf der Seite des neuen Viertels Theresienhöhe und bewegen uns nach Norden. Der horizontal und vertikal rechteckig gegliederte Bau öffnet sich zum quadratischen Eingangshof der Wirtschaftsprüfungsgesellschaft KPMG 14 . Hier steht die „Umschreibung", zwei einander in Form einer Doppelhelix umkreisende Treppen, endlos, 10 Meter hoch, leider nicht mehr begehbar. Ihr Schöpfer, der Isländer Olafur Eliasson (*1967), einer der erfolgreichsten Skulpteure unserer Zeit, lebt in Kopenhagen und Berlin – allein dort beschäftigt er 100 Angestellte, die seine Monumentalwerke für weltweit realisierte Installationen produzieren. In München sind unter anderen zu bewundern: „Sphere", Stahlkugel im Viscardihof der 5 Höfe und „Wirbelwerk", die Lichtskulptur im Eingangsbereich des Lenbachhauses.

Wir überqueren die Ganghoferstraße und betreten den Georg-Freundorfer-Platz 15 . Was für ein Glück, dass manche Bauvorhaben nicht zur Ausführung kommen. Hier waren zwei weitere Blöcke geplant. 2002 wurde eine imposante Spielwiese daraus mit Liegewiese, Bolzplatz, Tischtennis- und Schachanlage sowie einem preisgekrönten Kletterpark aus geschälten Robinien. Über den Spielplatz hinweg werfen wir einen Blick auf den Turm der evangelischen Auferstehungskirche, gehen weiter zur Kazmairstraße und damit in das Viertel der Wohnungsbaugenossenschaften, die sich zu Beginn des 20. Jahrhunderts gründen, als Gegengewicht zu der ausufernden Bodenspekulation einzelner Investoren. Nirgendwo in München gibt es mehr genossenschaftliches Immobilieneigentum. Die Wohnungen, permanent restauriert, bereits seit 1953 von den Kriegsschäden befreit, seit Ende des 20. Jahrhunderts sämtlich mit Zentralheizung und Warmwasser ausgestattet, sind sehr begehrt. Es gibt einen „Grünen Weg", der durch die einzelnen Blöcke von Süd nach Nord von der Kazmairstraße über Gollier-, Tulbeck- und Westendstraße bis zur Landsberger Straße führt. Er allein ist einen kurzen Ausflug wert, zeigt er doch exemplarisch die Wohnqualität in großzügigen, begrünten, ruhigen Innenhöfen.

An der Kazmairstraße wenden wir uns nach links, überqueren die Geroltstraße und stehen an der Bushaltestelle vor einem schmucklosen kubischen Backsteinbau, dem „**Ledigenheim**" 16. 1898 fordern katholische Arbeitervereine eine Untersuchung über die Wohnungsnot in München. 1904/1907 (!) erhält der Stadtrat das Ergebnis: 20 Prozent, das sind rund 100.000 Einwohner, wohnen unzumutbar. Davon haben 11.400 weder eigenes Zimmer noch Bett. Schlafgänger teilen die Bettstelle als „Aftermieter" mit einem anderen in einer fremden Familie. Größere Wohnungen sind an mehrere Familien vermietet. Oft lebt eine Familie in einem Zimmer. Auch kleinste Kammern werden vermietet. Viele Zimmer sind nicht belichtet oder belüftbar. Vor allem für alleinstehende Arbeiter ist die Wohnungsfindung schwierig. All das ist weder unter hygienischen noch sittlichen Bedingungen akzeptierbar. Es gründet sich ein „Verein für die Verbesserung der Wohnverhältnisse in München". Leiter ist Karl Schirmer, Initiator der Untersuchung von 1898, Mitglieder sind unter anderen: Theodor Fischer, Theodor von Cramer-Klett (MAN, Münchner Rückversicherung, Bankhaus Finck), Innenminister von Feilitzsch, Gabriel Sedlmayr (Spaten-Brauerei). Der Verein initiiert mehrere Wohnungsbauprojekte und das Ledigenheim.

Cramer-Klett spendet 150.000 RM zum Ankauf eines Grundstücks mitten im Arbeiterviertel in der Nähe der Brauereien und Fabriken. Das war 1913. Verzögert durch Krieg und Inflation wird das Projekt erst 1925 fortgesetzt – es existiert bis heute als „Ledigenheim e. V.".

Das Konzept für die Bewohnung: 420 Zimmer, ausschließlich für männliche Bewohner, Zimmergröße zwischen rund 7 und 8 Quadratmeter, Mietkosten ab 66 Pf. bis 1,04 RM pro Tag. Zum Vergleich: Der Durchschnittsverdienst eines Arbeiters beträgt 2 RM/Tag, bei Metzeler ist es die Hälfte davon. Eine Mass Bier kostet 24 Pf., 1 kg Schwein 1,50 RM, 1 Tisch 8,75 RM.

Das Ziel des Entwurfs von Theodor Fischer: eine möglichst große Zahl von Einzelzimmern mit Tisch, Bett, Stuhl, Schrank,

DAS WESTEND → **TOUR 10**

Das „Ledigenheim" von Theodor Fischer

Waschbecken mit fließendem Wasser. Im Untergeschoß eine Badeanstalt mit Brausen, Wannen und Fußbädern, außerdem ein Kofferraum und die zentrale Heizung. Im Dachgeschoß die Wäscherei mit Waschmaschinen. Und: Jeder Wohnraum hat Tageslicht! Der Bau ist rein funktional. 1927, als die Baugerüste abgenommen werden, weht ein Proteststurm durch die konservative Presse, der Bau sei ein „Sinnbild der zentralistischen und marxistischen Regierung in Berlin."

Nun führt unser Weg durch die „**Grünen Höfe**" 17 zur Landsberger Straße zurück, die wir an der Schrenkstraße überqueren, werfen einen Blick zurück auf die imposante Backsteinfassade der **Augustiner Brauerei** 18 , wenden uns am Bahnkörper angekommen nach rechts und wandern am Europäischen Patentamt entlang zum Ausgangspunkt, zur Hackerbrücke zurück.

Literatur
Franz Schiermeier: WESTEND, Reiseführer für Münchner, München 2014.
Müller-Rieger, Monika: Westend, Von der Sendlinger Haid zum Münchner Stadtteil, München 1995.
Schwanthalerhöhe. Kulturgeschichtspfad Nr. 8, Landeshauptstadt München 2014.

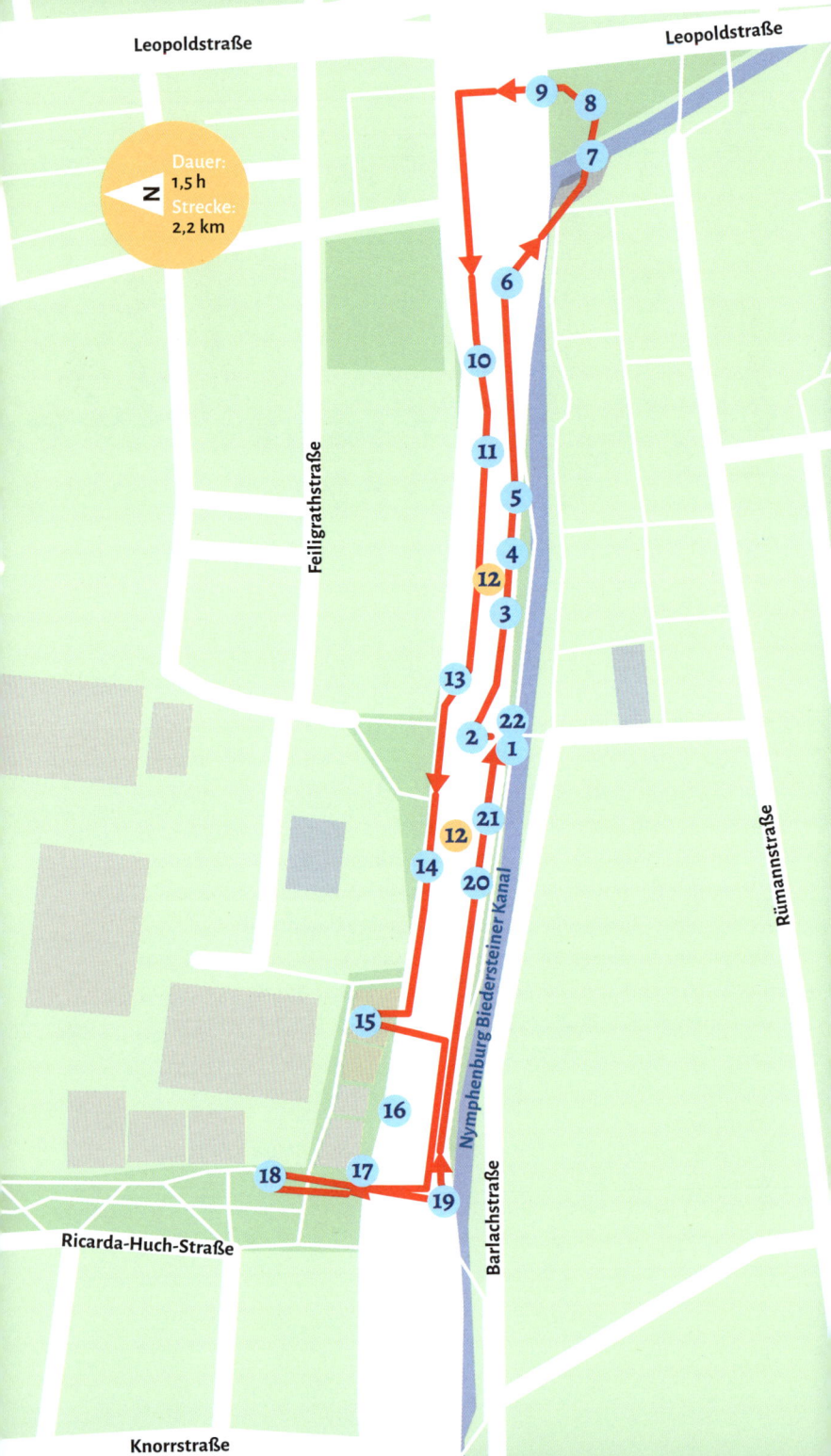

Cornelia Ziegler

Durch den Petuelpark

Komischer Kauz, grüner Teppich, sieben Stühle

Im 19. Jahrhundert war der Petuelring nur ein besserer Feldweg, bis er dann unter Ludwig II. zur richtigen Straße erweitert wurde. Benannt ist er nach Ludwig Petuel, der in den 1870er Jahren eine Bierbrauerei und Schnapsbrennerei besaß, von 1870 bis 1875 Bürgermeister von Milbertshofen war und ab 1898 eine der ersten Omnibuslinien Deutschlands betrieb. Seit 2004 vereint der Petuelpark wieder, was einst durch den Mittleren Ring getrennt wurde: Nordschwabing und Milbertshofen. Und deshalb wird der längs gestreckte Park auch „Grüner Reißverschluss" genannt. In keiner anderen Grünanlage der Stadt ist so viel öffentliche Kunst wie hier zu finden, selbst im Café Ludwig ist Kunst zu entdecken.

Manche Münchner fremdeln noch heute mit dem Petuelpark, er ist nicht lieblich hügelig wie ein Englischer Garten angelegt, sondern streng geometrisch wie ein französischer Park. Ausschlaggebend dafür war der Biederstein-Nymphenburg Kanal aus der Barockzeit, an dem der Park liegt und der ein technisches Denkmal ist.

Exkurs: **Der Bürgerentscheid 1996**
Der erste Bürgerentscheid Münchens fiel 1996 zugunsten des Parks aus: Hier wurde der Mittlere Ring auf einer Strecke von 1473 m untertunnelt und mit dem Petuelpark überdacht. Wer heute durch den Park schlendert, ahnt es nicht: Hier ist ein französischer Park entstanden mit Schloss Herrenchiemsee in der Mitte. Die Landschaftsarchitekten Stefanie Jühling & Otto A. Bertram (München) erhielten für ihre Zusammenarbeit mit den Künstlern einen Bonus, eine Art „Schmerzensgeld". Künstlerische Leitung hatte Stephan Huber, dessen Werke unter anderem vor der Messe stehen (Gran Paradiso) oder im Flughafen München (die Alpen). Die Aufgabe für alle lautete: 600 Jahre europäische Gartengeschichte zu zeigen. Und zwar mit Kunstwerken, die auch künstlerische Laien verstehen können.

1 Café Ludwig

Name, Logo und Lage des Café Ludwig deuten darauf hin, wo man sich hier befindet: in **Schloss Herrenchiemsee**! Umrahmt von einem französischen Garten. Das Logo des Cafés zeigt den Umriss von König Ludwig II., das ihn im Gewand des Georgsritters zeigt. Vorbild war das berühmte Gemälde von Georg Schachinger, das in Schloss Herrenchiemsee hängt. Dieses Bild ist seinerseits einer Darstellung des Sonnenkönigs Ludwig XIV. nachempfunden, den König Ludwig II. bekanntlich außerordentlich verehrt hatte. Anders als auf dem Gemälde von Schachinger stützt sich der König im Logo aber nicht auf einen Stock, sondern trägt eine Blume in der Hand. Café Ludwig liegt wie Schloss Herrenchiemsee im Mittelpunkt der Gartenanlage, von wo aus die Zentralachsen verlaufen. An der Rückwand hängt im Café alias Schloss ein großer Spiegel, hier ist man im Spiegelsaal. Zu Zeiten vom Sonnenkönig konnte man endlich große Spiegelflächen herstellen, leider mit Quecksilberdampf auf Zinnfolie und Glasplatte. Die Spiegelmacher überlebten deren giftige Herstellung zwar nicht lange, aber der Spiegel vermehrte den Kerzenschein ins Unendliche und erhellte den Raum. Die Spiegel symbolisierten die totale Unterordnung der Natur und sinnliche Schönheit in höchster Vollendung. Nach außen blickt man vom Café durch eine verglaste Front – grad so wie in Schloss Herrenchiemsee.

Selbstredend gibt es im „Schloss" einen Tischlein-deck-Dich-Lift. Und die ersten Kunstwerke, die man leicht übersehen könnte: Die in die Wand eingelassenen **Monitore** von Barbara Bloom (New

York) zeigen tanzende und sich drehende Röcke. In einem Schloss wurde getanzt, gefeiert und getafelt. Vielleicht auch eine Anspielung auf das geflügelte Wort: „Der Kongress tanzt", ein Bezug auf die Zeit des Wiener Kongresses, als sich die Hofgesellschaften Europas in Überfluss und rauschenden Ballnächten gegenseitig überboten. Und das, während das Volk hungerte.

Im Obergeschoss dann zwei **Sternenkonstellationen** von Kiki Smith (New York), die um einen Baum herumkreisen. Hatte König Ludwig II. nicht auch einen Sternenhimmel in Schloss Hohenschwangau? Und hatte er nicht viel „Hirn", als dessen Struktur man dieses Kunstwerk auch deuten könnte? Und der Baum, er könnte eine Rose sein oder auch das Stammhirn.

Vor der Fassade des Cafés dann eine **Kuchenvitrine von Alexandra Ranner** (München), man möchte gleich ins Innere gehen und ein Stück von einem der Kuchen bestellen. Nur leider – sie sind nicht echt, sondern Kunst. Die Kuchen in der Vitrine scheinen zu zerfließen. „Sollen sie doch Kuchen essen" hatte Marie Antoinette einst gesagt angesichts des hungrigen Volks, das Brot verlangte. Und dann ging es ja dahin mit der Monarchie.

Tipp: Im Café Ludwig gibt es hervorragende Küche, denn am Hofe des Sonnenkönigs wurde die hohe Kochkunst gepflegt wie sonst kaum an einem anderen Herrscherhof.

2 Wasserfontänen

Vor dem „Schlosscafé" sprudeln an heißen Tagen dünne **Wasserfontänen**, an denen sich Vögel laben. Also Fontänen ganz so wie vor Schloss Herrenchiemsee, wo sich auf dem Latonabrunnen auch allerlei Getier tummelt.

Blickt man nach rechts, sieht man als Blickpunkt, als point de vue, in Richtung Osten die Highlight Towers. In Richtung Westen dann den Olympiaturm, den BMW-Zylinder und in der Ferne das Uptown München-Hochhaus – einen Vierkantbolzen nannte seinerzeit der Münchner Altbürgermeister Georg Kronawitter den Hochausbau. In einem Bürgerentscheid wurde am 21. November 2002 entschieden, dass in der Stadt Hochhäuser nicht höher als die Türme des Liebfrauendoms sein dürfen.

Geht man aus dem Schloss rechts die Treppe hinunter, kommt man zum **Nymphenburg-Biederstein Kanal**, der Anfang des 18. Jahrhunderts unter Kurfürst Maximilian II. angelegt wurde. Er ist Teil eines historischen, weitverzweigten Wasserwegenetzes, mit dem die Wittelsbacher einst ihre Residenzen verbanden. Die Teiche und Fontänen ihrer Gärten wurden von den Kanälen gespeist, Baumaterialien wurden auf ihnen transportiert und manch eine fröhliche Gondelfahrt unternommen. Der rund 12 km lange Kanal wird in der Nähe des Pasinger Marienplatzes aus der Würm abgeleitet, von wo er durch den Park von Schloss Nymphenburg zum Olympiapark fließt, dort den See speist und dann weiter entlang des Petuelparks zur Leopoldstraße, wo er seinen Weg ein Stück weit unterirdisch fortsetzt.

Aus Sicht der Gartenbaukunst stellt der Kanal ein **Aha** dar, ein Gestaltungsmittel der barocken Gartenkunst. Das Aha oder Ha-Ha ersetzt eine sichtbare Parkmauer oder einen Zaun. Im Gegensatz zu englischen Gärten, die in der Regel begrenzt sind, wird der französische Garten nicht von einer Mauer oder einer Hecke umfasst. Ein Aha verhindert, dass Tiere und ungebetene Besucher in den Garten gelangen, ohne dass der Blick auf das Gelände und die umgebende Landschaft durch eine Mauer verstellt wird. Der Garten kann dadurch größer wirken.

Auf der ganzen Strecke zwischen dem Café Ludwig und dem östlichen Ende des Parks führt keine einzige Brücke über den Kanal. Denn seinerzeit wollten die Nordschwabinger, die sich wegen ihrer

Universitätsnähe traditionell als überlegen fühlen, keine Milbertshofener in ihrem Viertel haben. Denn die Milbertshofener – die Hasenbergler – hätten ja in Horden in Nordschwabing einfallen können. Ein Aha nennt man übrigens auch Hasensprung …

3 Badezimmer

Nun kommt man zum ersten Zimmer im Park. Dem **Badezimmer**. Der Bambus an der Wand des „Bades" steht für die Zahnbürsten, und auch dafür, dass man Bambus im Bad gut verwenden kann, weil es gegen die Feuchtigkeit resistent ist. Neben den „Waschbecken" wächst Hamamelis, auch Zaubernuss genannt. Ein Naturkosmetikum. Viele Konzerne verarbeiten Teile des Strauchs zu Rasier- und Gesichtswasser, zu Deodorants und Hautcremes. Und der Magnolienbaum sieht nicht nur wunderschön aus, sondern seine Inhaltsstoffe haben sowohl in der Hautpflege als auch in der Gesundheit große Bedeutung. Auch in der Traditionellen Chinesischen Medizin wird die Magnolie verwendet. Was die Gartenkunst anbetrifft, so findet man Magnolien in französischen und natürlich auch in asiatischen Gärten.

4 Schlafzimmer

Weiter geht es ins **Schlafzimmer**, wo man selig unter einer **Pergola** auf einer Doppelliege ruhen kann. Umgeben von Rosen, dem Symbol für die Liebe und für die weibliche Vulva. Einer Pflanze, die man

gut und gerne als DIE Parkpflanze schlechthin bezeichnen kann. Es war nicht einfach, diese Doppelliegen für den Park durchzusetzen, fürchtete man von Seiten der Stadt doch nächtliche erotische Umtriebe auf den Ruhemöbeln … Im Frühjahr blühen hier auch Tulpen, eine Blume, die grundsätzlich für zwei Dinge stehen kann: sowohl für die erfüllte, als auch für die enttäuschte Liebe. Und für ein großes Ereignis in der Gartengeschichte, denn Tulpen waren die ersten Blütenpflanzen, deren einziger Sinn und Zweck war, schön zu sein. Außen an der „Schlafzimmerwand" „Erzähle die Geschichte selbst" von Aribert von Ostrowski (Berlin) gruppieren sich sechs Eulen, umrahmt von Fichten um ein unsichtbares Zentrum. Die Eule gilt als Hüterin der Nacht, sie steht für Weisheit, Einsicht und Intuition. Auf der nächsten Glasfläche sind dann ein Habicht und eine Tanne sowie zwei weitere Habichte im Sturzflug dargestellt. Man könnte es so deuten, dass man nachts seine intuitive Welt entdeckt, zur Einsicht kommt und sie dann tagsüber wie ein Adler herab stürzend umsetzt. Die Schriften auf den Gläsern sind dem berühmten „Hortus Eystettensis" entliehen, dem berühmtesten Pflanzenbuch aller Zeiten aus dem Jahr 1613. Leider sind diese Platten durch Schmierereien schon arg verunstaltet.

5 / 6 Parterres/Bosketten

Der Weg mündet nun vorbei an den „**Parterres**" in den oberen Weg ein, man kommt an beschnittenen Eibenhecken vorbei, den „**Bosketten**", den Raumteilern des Barock. Das Boskett ist der niederwaldartige Kunsthecken-Teil des Barockgartens. Seine in der Regel geradlinigen Außenseiten werden durch dichte, in geometrisch exakte Formen geschnittene Hecken oder niedrige Bäume gebildet. Die Boskette sind in der Regel spiegelsymmetrisch angelegt und liegen parallel auf beiden Seiten der Hauptachse des Gartens – wie hier im Park. Die derart gegliederten Bereiche bilden kleine Gartenzimmer, sie wiederholen gewissermaßen den Innenraum des Schlosses in der Außenwelt. Den Bosketten sind unterschiedliche Nutzungsmöglichkeiten zugedacht: Heckentheater, Irrgärten oder offene „Konzertsäle. Im Park sind die Bosketten von weißstämmigen Birken flankiert , die **die mythischen oder antiken Statuen der Barockparks** davor symbolisieren sollen.

PETUELPARK → **TOUR 11**

Eine zeitgenössische Abbildung der Bosketten, der Raumteiler des Barock

7 / 8 / 9 Insel/ Wald / Stiefel

Nun verlässt man die Welt des Barock und es geht – wie bei Barockgärten üblich – nach rechts in den **„Bosco"**, in den Wald hinein. Dieser Bereich des Gartens diente der Barockgesellschaft gelegentlich zur Jagd, vor allem war er ein Schattenspender beim Spaziergang und die Abgrenzung des Schlossparks nach außen hin. Dort wird auch endlich die Frage geklärt, wohin Obelix denn immer seine Hinkelsteine – seine Menhire – geliefert hat. Einer steht hier! Und daneben ein flacher, aufrecht stehender Stein mit einem **„Seelenloch"**, durch das die Seele nach oben entfliegen konnte. Solche

Steine fand man in steinzeitlichen Grabanlagen, und Friedhöfe sind ja auch Gärten. Und – Überraschung – hier steht auch wie vergessen **ein Paar Stiefel** von Roman Signer (St. Gallen), aus dem eine bis zu sieben Meter hohe Wasserfontäne schießt, gefolgt von einem kurzen Moment der Stille, bis die nächste kommt. Grad so in den Brunnen des Barock, der Wasserstrahl symbolisierte die Verbindung zwischen Himmel und Herren, die Stiefel die Arbeit, die solch ein Barockpark macht. Die Steine und die Stiefel stehen auf einer Insel, dem „campus eleysis, der **„Insel der Seligen"** im äußersten Westen des Erdkreises bzw. im Westen des Parks.

Am Ende des Parks, da wo er ausläuft, seht rechts noch ein weiteres **Paar Stiefel**, aus dem die Abluft aus dem Tunnel entweicht. Spielereien, wie sie in barocken Parks üblich waren.

10 Hortus Conclusus

Der Weg zurück in Richtung Café Ludwig führt zu einer weiteren Insel; einem **„Hortus conclusus"** von Rodney Graham (Vancouver) inmitten einer Eibenhecke: ein abgeschiedenes, quadratisches Gartenareal gleich dem Garten inmitten eines Kreuzgangs. Sieben (die mystische und sehr religiöse Zahl) historische Stühle aus dem Jardin du Luxembourg (Nachbildungen) in Paris stehen hier wie zufällig herum. Vier mit Armlehnen und drei ohne. Die mit Lehnen für die Männer und die ohne für die Frauen, ihre Roben brauchten ja Platz. Damals im 19. Jahrhundert, nach der Revolution, konnte man sich seinen Platz im Leben selbst suchen. Und den im Park auch und seinen Stuhl dahin stellen, wo man wollte. Vorher gab es nur steinerne Bänke. Täglich um 16.15 Uhr (Die Todesstunde von John Lennon, den Rodney Graham sehr verehrt) ertönt vom Band dann in bester Qualität aus der Hecke heraus ein Klostergesang der Moderne: Der Künstler Rodney Graham singt hier mit seiner Band aus Seattle und zwei Chorsängern von Puff Daddy betont gelangweilt, also meditativ! – den Song von The Kinks:

„I'm on an Island". Die Eibe als immergrüner Nadelbaum gilt als Symbol des ewigen Lebens. Denn sie wird sehr alt, bis zu 2.000 Jahre können es werden. Alles an der Eibe ist hochgiftig, nur das rote Fruchtfleisch nicht.

11 Rednerpulte

Zur Freiheit gehört auch die Redefreiheit. Wie hier das **Rhetorische Wäldchen** von Harald Klingelhöller (Düsseldorf). In einer symmetrisch angelegten Platanengruppe gegenüber dem Lion-Feuchtwanger-Gymnasium. Insgesamt sechs Pulte unterschiedlicher Höhe aus weißem und schwarzem Granit entpuppen sich beim genaueren Betrachten als Rednerpulte. Auf Knopfdruck dienen sie ebenfalls als erfrischende Wasserspender. Es gibt ein Rednerpult für Kinder, eines für Rollstuhlfahrer, an einem anderen Pult können zwei Menschen miteinander reden, an einem weiteren wiederum gegeneinander argumentieren, an einem weiteren aber auch an-

einander vorbeireden. Die schwarzen und weißen Granitteile der Pulte stellen These und Antithese als Grundelement menschlicher Kommunikation dar, die Doppelfunktion als Pult und Brunnen darüber hinaus das Sprechen und Trinken als Sinnbilder geistiger und körperlicher Nahrung.

12 „tapis vert"

Zu beiden Seiten von Herrenchiemsee liegt ein „tapis vert", ein **grüner Teppich**, ein Element der Gartengestaltung aus der Barockzeit. Es handelt sich dabei um eine große Rasenfläche mit gestutztem Bewuchs, die nicht von Hecken umrahmt wird und die nicht bepflanzt ist. Der grüne Teppich soll gerade durch seine schlichte Gestaltung einen Kontrast zum übrigen Garten darstellen. Und ihn ohne großen gärtnerischen Aufwand vergrößern.

13 Stadtcowboy

Kunstkenner rümpfen da gerne mal die Nase: Das hätte man anders machen können angesichts des Maultiers von Pia Stadtbäumer. Einen mit allerlei Trash beladenen **Stadtcowboy**. Doch die Nutzer des Parks und die Fotografen lieben das Grautier mitsamt seinem Reiter – das heute so etwas wie das Symbol des Petuelparks ist! Schon Jesus (im bayerischen Nationalmuseum gibt es eine herrliche Statue dazu) zog auf einem Grautier barfuß in Jerusalem ein. Zu Pferde wurden Länder erobert, Herrscher ließen sich hoch zu Ross abbilden, auch König Ludwig I. hoch über der Ludwigstraße. Man schaut hoch auf zu den Herren, zumindest wollten sie das. Pferde und der Adel haben eines gemeinsam: Sie blieben lieber unter sich. Also früher zumindest. Ein Herrscher, der auf sich hielt, der ließ sich hoch zu Ross abbilden. Dann kam das Auto, der Adel stieg vom

Pferd runter und ins Auto rein. Der letzte der Monarchen, der auf dem Rücken eines Pferdes verewigt wurde, war Prinzregent Luitpold. Er steht heute vor dem Bayerischen Nationalmuseum, keiner guckt hin und er selbst hätte das sowieso nicht gewollt. Schon König Ludwig II. vor ihm, ließ sich nicht mehr zu Pferde abbilden (bis auf eine Abbildung, die den jugendlichen Reiter zeigt), sondern er ließ einfach nur seine Lieblingspferde malen. Die Monarchie und das Pferd sind von Demokratie und Auto abgelöst worden. Das Pferd ist heute ein Maultier, eine Kreuzung zwischen Pferd und Esel. Auch der Adel bleibt nicht mehr unter sich, sondern heiratet schon länger außerhalb seines Standes. Und steht auf Augenhöhe mit dem gemeinen Volk. Kein Herrscher sitzt hier kerzengerade, um streng anzuzeigen, wo es langgeht. Sondern ein halbnackter, barfüßiger Teenie mit gekreuzten Beinen und ohne Schuhe, der allerlei Gerümpel auf dem Esel mit sich trägt: allesamt vergessen heute. Zu kurzlebig ist unsere heutige Zeit. Und ohne Richtung, – wie der Esel, der dreht sich mal in die eine Richtung, mal in die andere. Das Kunstwerk steht gegenüber dem „Schloss Herrenchiemsee", dem Inbegriff der Monarchie. Das Muli ist ein Symbol für die Demokratie, schwer beladen mit dem Grundgesetz. Und schnelllebig, wie die Digitaluhr zu Füßen der Statue andeutet.

14 Periskop

Bogomir Ecker (Düsseldorf) hat in einem abgeschiedenen Heckenraum ein **Periskop** aufgestellt, durch das man den darunter fließenden, tosenden Autoverkehr beobachten und hören kann. Auch im Barock gab es etwas Ähnliches: die „Guckkastenbühne" mit Vorbühne und einer tiefen Hauptbühne, die durch einschiebbare, in der Tiefe gestaffelte und perspektivisch bemalte Kulissen und den ebenfalls bemalten Bühnenhintergrund wechselnde Szenen stark räumlicher Wirkung ermöglichte.

Exkurs: Der Garten als erweitertes Wohnzimmer

Im Barock verstand man den Garten als erweitertes Wohnzimmer, wo das Leben so gestaltet wurde wie im Schloss selbst. Denn draußen war es nicht so stickig, es roch besser, es gab keine drangvolle Enge, in der sich die vielen Adligen gegenseitig auf die Füße traten. Und es war auch nicht so heiß wie im durch Menschen und Kerzen aufgeheizten Schloss. So viele Menschen brauchten natürlich Unterhaltung und so gab es in einem Barockgarten neben diversen Spielgeräten auch ein Amphitheater. Eben wie das Amphitheater auf dem Spielplatz, wo man den Kleinen beim Spielen und Toben zuschauen kann. Das kleine Karussell erinnert ebenfalls an einen barocken Spielplatz und der kleine, Wasser speiende Drache ähnelt haarscharf seinem Kollegen in Schloss Herrenchiemsee.

16 Hölzerne Wellen

Nanu, was ist das denn? Dieses hölzerne Gebilde in Wellenform? Es soll zum Spielen und sich Bewegen anregen. Einerseits. Andererseits: Wir sind ja hier im Park von Herrenchiemsee und dies hier soll das bayerische Meer, den Chiemsee, symbolisieren. Drei Bäume auf der Wellenform zeigen, auf dem Meer liegen drei Inseln: unter anderem Herrenchiemsee.

17 Voliere

Im Westen befindet sich das einzige Kunstwerk, dessen kleines Hinweisschild auf dem Boden nicht gestohlen wurde. Künstler Raimund Kummer mag selbst entscheiden, wie das zu deuten ist ... In einem achteckigen Pavillon hängen zwei grüne Glasgebilde, die in überdimensionierter Form die menschlichen Augäpfel nachbilden.

Die Augäpfel ließ Kummer in Murano gießen und schiffte sie dramatisch auf einer Gondel – er darauf als Gondoliere stehend – aus Venedig heraus. Unklar ist, wer in diesem Käfig wen anstarrt. Der oder die Betrachter*in den Vogel, oder der Vogel im Käfig die Person vor dem Käfig, den man als echten Vogel deuten kann, denn im Barock gab es viele Volièren. Oder auch als komischen Kauz, denn man hielt sich gerne einen Einsiedler im Garten, der abends nach Feierabend dann nach Hause ging ...

> **Tipp:** Nun gehört in einen barocken Park auch ein fernöstliches Element, die *Chinoiserie*. Und so schwebt im Frühjahr hinter der Volière eine traumhafte Wolke aus *Kirschblüten*. Hanami, wie es die Japaner nennen. Die Chinoiserien waren besonders in der Gartenwelt des 18. Jahrhundert beliebt und ein Hinweis auf die vermeintlich heile Welt der Asiaten.

Die – leider meist beklebten – 70 **Edelstahlstelen** von Dietmar Tanderl beziehen sich auf Autoscheinwerfer, und weisen somit auf das nahe BMW-Werk hin, symbolisieren aber auch gleichzeitig die Kerzenbeleuchtung des Barock. Und so wirken die Leuchtstelen bei Nacht sehr romantisch. Und sie leuchten wie die Sonne mit ihren Strahlen – da sind wir wieder beim Sonnenkönig! Gleichzeitig leuchten sie auch wie die Sterne des König Ludwigs II. Im Winter sind zwar die Kunstwerke eingeschalt, aber die Leuchtstelen tauchen den Park bei Schnee in ein ganz besonderes mystisches, geheimnisvolles Licht.

18 Generationengärten

Der **Sozialpavillon** (Architekt: Uwe Kiessler) mit seinem Generationengarten soll eine Begegnungsstäte zwischen jungen und alten Menschen, zwischen deutschen Mitbürgern und Mitbürgern mit Migrationshintergrund und zwischen Schwabingern und Milbertshofenern schaffen. Der Pavillon sieht aus wie eine Konzertmuschel, man kennt das von Kurkonzerten, wo sich auch Menschen aller Couleur treffen. Er kann übrigens für Feiern gebucht werden. Vor dem Pavillon liegen handtuchgroße Gärtchen, wer will, kann sich eines pachten. Und sich selbst versorgen, wie seinerzeit die Ordensleute mit ihren Nutzgärten, in denen Gemüse, Obst, Gewürze und Heilkräuter angepflanzt werden, die bis heute bei Krankheiten eingesetzt werden.

19 Marienstatue

Während der Renaissance und dem Barock verbreitete sich die Begeisterung für Gartenskulpturen mit den umherziehenden italienischen Handwerkern schnell in den nördlichen Ländern. Grad so wie in der Antike zierten alsbald Götter und Göttinnen, Nymphen und Satyre – also heidnische Gestalten – die Gärten Frankreichs. Hans von Neuqelingen hat in einem Wiener Antiquitätengeschäfte eine **Marienstatue** aus dem 17. Jahrhundert gekauft, sie kopiert und

vergrößert und hier aufgestellt. Auf dem Sockel einer dorischen Säule aus der Antike. Die Madonna – in weißer Frabe, wie es die Statuen der Antike waren bzw. man lange annahm, dass sie es gewesen wären – hält ein Jesuskind im Arm, aus dessen stigmatisierter Hand Weihwasser in das dorische Becken fließt, und somit die Verbindung vom Christentum zum Heidentum, von der Isis zur Muttergottes herstellt. Und mit ihrem Gesicht, das dem der Mona Lisa ähnelt, die eine nicht ganz klare Genderidentität darstellt – wie sie auch Maria Magdalena manchmal zugeschrieben wird. Geistliche der großen christlichen Glaubensrichtungen, die hier in der Umgebung beheimatet sind, des Katholizismus, des Protestantismus und der griechischen Orthodoxie haben die Statue nach ihrer Aufstellung im Petuelpark geweiht. Die Weihe durch drei Konfessionen fand ein breites Medienecho, selbst in Wien wurde darüber berichtet, woraufhin der Künstler einen Anruf von der Wiener Kripo bekam. Der Besitzer der Statue hatte sie erkannt, sie wurde ihm gestohlen, und in einem Wiener Antiquitätengeschäft verkauft, wo sie der Künstler erstanden hatte.

20 Küche

Eigentlich sollten in der **Küche** die großen, städtischen Pflanztröge als Symbole für Töpfe stehen. Doch wäre der Transport vom Bauhof hierher zu teuer geworden. Von den Wasserstrahlen aus der Wand sollten die oberen die unteren treffen, nach einem Prinzip von Leonardo da Vinci, doch das klappt nicht. Das Wasser der Würm ist einfach zu weich. Würze braucht ein gutes Essen ja auch, unter anderem mit der Pimpernelle, die hier wächst.

Einen Blick sollte man auch auf die Abfalleimer werfen. Die runden Behälter wurden vom Baureferat entwickelt. Weil sie rund sind, stören sie die Umgebung nicht, sie passen sich überall an und stecken ziemlich viel ein. Die Oberfläche mit stählernen Noppen verhindert das wilde Plakatieren. Und adrett schauen sie auch noch aus!

21 Wohnzimmer

Nun wird es Zeit, eine Pause zu machen. Im **Wohnzimmer**. Wir betreten den Raum, gehen über den Parkettboden auf den Perserteppich mit seinem Blumenmuster – im Barock waren das die Blumenteppiche, die rocaille – und setzen uns auf die Bank – bzw. in den Ohrensessel. Vor uns stehen eine Stehlampe und der Röhrenfernseher.

22 Kubus

Nun geht es neben dem Barockschloss wieder die Treppe hinauf. Und auch die Treppe war im Barock sehr wichtig, sie war Ort der Begrüßung und führte zum Festsaal.

Vor oder nach dem Rundgang dann noch einen Blick in den „Kubus" – den Ausstellungsraum der Städtischen Galerie im Lenbachhaus, wo wechselnde Kunstpräsentationen stattfinden.

Tipp: Jedes der Kunstwerke im Park hat eine zweite Deutungsebene. So wie der ganze Park an sich. Wie schon erwähnt, steht er für 600 Jahre Gartengeschichte. Er steht aber auch für einen 2004 veröffentlichten Bestseller, der eine gewagte Theorie vertrat. Wer die Antwort nicht weiß, kann Sie mit einer Mail an cziegler@t-online.de erfahren.

Exkurs: Parks und das Gehirn
Wissenschaftler haben herausgefunden, dass bestimmte Parks auf bestimmte Hirnareale wirken: Menschen, die sehr strukturiert sind oder sehr strukturiert leben müssen, bevorzugen Englische Gärten. Kreative Menschen oder Freiberufler, die weniger strukturiert leben oder leben müssen, finden eine erholsame Struktur in den französischen Gärten.

Porträts und Kontaktdaten unserer Stadtführerinnen und Stadtführer

Astrid Assél & Christian Huber

"Das Bier ist tatsächlich in München ein gesellschaftliches Element, dessen Bedeutung sich der Fremde schwerlich erklären kann." Benno Sailer

Bier hat Tradition in München. Die Stadt kann mit Stolz auf eine jahrhundertelange Braugeschichte zurückblicken. Starkbieranstich, Maibock-Ausschank und Wiesn prägten den Jahresrhythmus der Münchner mindestens so sehr wie die kirchlichen Feiertage. Die Brauer waren dabei eng mit den Wittelsbachern verbunden, die ihre schützende Hand über sie hielten im Austausch gegen stattliche Abgaben, welche die Staatskasse füllten – fördern und fordern sozusagen.

Münchner Stadtgeschichte ist somit immer auch Braugeschichte, die an vielen Stellen bis heute ihre Spuren hinterlassen hat. Bei den historischen Biertouren begleiten wir unsere Gäste auf einem Streifzug durch München und entdecken gemeinsam die Orte und Plätze (wieder), die uns von Münchens Bier und seinen Brauern erzählen.

Dabei verlieren wir auch nicht den „Hauptprotagonisten" aus den Augen: Das Bier, mit dem – frisch gezapft genossen – die historische Biertour bei einer gemeinsamen Einkehr in einer der Münchner Traditionsgaststätten abgerundet wird.

Astrid Assél & Christian Huber
MÜNCHNER BIERBESCHAU
Elvirastraße 4, 80636 München
www.biertour-muenchen.net
info@biertour-munchen.net
0176/239 49 780

Anne Funck

Ein würdiger Herrscher sollte über die Tugenden Klugheit, Stärke, Gerechtigkeit und Mäßigkeit verfügen. Dafür stehen die vier Löwen, die seit 1616 vor der Fassade der Residenz sitzen. Auf ihren Schilden präsentieren sie neben den entsprechenden Sinnbildern nochmals kleine Löwenköpfe. Wer ihre Nasen streichelt, dem ist das Glück hold, glauben viele Münchner. 1848 hat sich ein solcher „Handstreich" jedenfalls gelohnt. Ein junger Münchner Student hatte an der Residenz eine Schmähschrift über Lola Montez, die Geliebte von König Ludwig I., angebracht. Ein hohes Kopfgeld war auf ihn ausgesetzt. Doch zu guter Letzt vom Monarchen begnadigt, trat er unversehrt auf die Straße und hielt sich – vor Glück taumelnd – an einem der Schnäuzchen fest.

Anne Funck studierte an der Ludwig-Maximilians-Universität in München Kunstgeschichte, Archäologie und Kirchengeschichte. Sie ist heute freischaffend tätig als Gästeführerin der Stadt München, Museumspädagogin, Lektorin von Kunst- und Bildbänden sowie als Autorin von Kinderkunstbüchern. Dass (Münchner) Geschichte und Kunst in einem so menschlichen Maß durch Persönlichkeiten, ihre Vorlieben und Leidenschaften geprägt sind, empfindet sie als großes Glück.

Anne Funck
+49 (0)176/21 89 46 17
funck@buero-annefunck.de
www.buero-annefunck.de

Rudolf Hartbrunner

Seit 1985 mache ich Stadtteil-Spaziergänge. Mein Schwerpunkt liegt dabei in den Vierteln des Münchner Ostens, wo auch sehr viel Geschichte zu den sogenannten „kleinen Leuten" gefunden werden kann. Ein weiterer Schwerpunkt sind Führungen und Vorträge zu Spezialthemen wie Revolution und Nationalsozialismus, aber auch zum Oktoberfest oder zu Karl Valentin, Liesl Karlstadt und den Münchner Volkssängern. Ergänzt werden diese Aktivitäten durch meine Homepage www.hartbrunner.de, auf der sich eine Vielzahl von Daten & Fakten zu den Führungen wiederfinden und nachlesen lassen.

Neben den genannten Tätigkeiten organisiere ich gemeinsam mit dem Haidhausen-Museum und dem KiM-Kino eine Veranstaltungsreihe, bei der bekannte Münchner Künstler und Kabarettisten auftreten können, aber auch historische Themen, Vorträge und Filme nicht zu kurz kommen.

Als weitere Aktivitäten organisiere ich noch Besuche von Ausstellungen bis zu Musikveranstaltungen, von Bierverkostungen bis zur Arbeit eines Imkers am Bienenstock.

Das war freilich alles vor den durch Corona geschuldeten Einschränkungen. Es wird sich zeigen, was die Zukunft bringt.

Bei Interesse einfach melden: rudolf@hartbrunner.de

Gabriele Leo Hoffmann

Die Autorin und Übersetzerin Gabriele Leo Hoffmann saß viel zu viel am Schreibtisch und wollte immer an die frische Luft. Begeistert von jeder Form der Geschichte, sei es Kunst-, Architektur-, Stadt- oder bayerische ließ sie sich im Tourismusamt der Landeshauptstadt zur Gästeführerin ausbilden und führt seit 2018 wissensdurstige Besucher durch München, egal ob Schulklassen, Familien oder Einzelgänger. Ihre Touren? Altstadt, Haidhausen, die Au, an der Isar zwischen Ludwigs- und Maximiliansbrücke, auf dem Umadum – dem Riesenrad am Werksgelände – und München-Tram. Auf dem Rad zeigt Sie Ihnen auch den Englischen Garten.
Ihre Sprachen: Deutsch, Englisch und Französisch.

Sie erreichen sie am besten via E-Mail:
gabriele.hoffmann@muenchen-mail.de

Alexander Kardaschenko

Der gebürtige Münchner Alexander Kardaschenko arbeitet als offizieller Gästeführer der Landeshauptstadt München und lizensierter Guide der KZ-Gedenkstätte Dachau. Für seine Gäste hat er mittlerweile ein großes Portfolio an Führungen erarbeitet und so trifft man ihn in der Residenz und in Schloss Nymphenburg ebenso, wie bei Führungen im Alten und Neuen Rathaus. Ebenso gerne ist er mit Gästen auf Spurensuche nicht nur in den vier Altstadtvierteln, sondern auch in mehreren Münchner Stadtteilen unterwegs. Und gerne darf es auch mal aus der Stadt hinausgehen. Abgesehen von Dachau liebt er als Reiseleiter Tagesausflüge ins Fünf-Seen-Land, nach Neuschwanstein oder zum Chiemsee, um nur ein paar wenige zu nennen.

Der Alte Südliche Friedhof war für ihn eine Herzenssache, schließlich ist dieser Friedhof nicht nur kunsthistorisch bedeutsam, sondern er fungiert gleichsam einem „Nachschlagewerk" für die Münchner Persönlichkeiten des 19. Jahrhunderts. Neben dem Stolz ein Teil dieses Buches zu sein, freut sich Alexander, wenn er durch seinen Beitrag den einen und den anderen Leser bewegen kann, dieses einzigartige Kleinod zu besuchen.

Alexander Kardaschenko
YourMunichTour – Stadtführungen München
www.yourmunichtour.de
0176 / 55 61 51 14

DIE STADTFÜHER*INNEN

Marlies Lüpke

Seit 2008 nimmt die Musikhistorikerin ihre Gäste mit auf klingende Entdeckungsreisen durch die Jahrhunderte und verbindet dabei Münchens reiche Musiktradition mit Gebäuden und Plätzen, mit Menschen und Geschichten. Ob berühmte Komponisten, denkwürdige musikalische Ereignisse oder die vielen großen Musiker, die die Stadt geprägt haben: München steckt voll klingender Anekdoten, und gerade in der Altstadt laden ihre Musikspaziergänge an fast jeder Ecke zum Lauschen und Entdecken ein. Das Besondere: Neben unterhaltsamen Geschichten aus der Musikstadt München hat Marlies Lüpke auch immer die passenden Musikbeispiele dabei und lässt diese an den Originalschauplätzen erklingen. In den vergangenen Jahren waren schon viele große und kleine Gäste aus aller Welt bei ihren Rundgängen dabei. Die passionierte Musikliebhaberin arbeitet regelmäßig mit Münchner Institutionen wie der Bayerischen Staatsoper oder den Volkshochschulen in und um München zusammen. Wer Lust hat, spontan mitzukommen, ist zu den offenen Terminen am Wochenende herzlich willkommen, auch Wunschtermine sind möglich.

Münchner Musikspaziergänge
www.musikspaziergang.de
info@musikspaziergang.de
089 / 92 56 74 95

Wolfgang Oppler,
geboren 1956 in Rosenheim. Nach einem Jurastudium arbeitete er drei Jahrzehnte als Syndikus in einer Bank, bevor er diesen Beruf an den Nagel hängte und eine Ausbildung zum Stadtführer machte. Seit 2013 begeistert er Menschen aus aller Welt und aus Oberbayern für die Schönheiten Münchens. Neben einer Vielzahl von Themenführungen in der Münchner Altstadt hat er Führungen in den Stadtteilen Schwabing und Haidhausen sowie im Osten von München in den Städten Ebersberg und in Grafing in seinem Programm.

Daneben ist Wolfgang Oppler Autor von Gedichten, Kurzgeschichten und Theaterstücken. Er gehört der Autorenvereinigung Münchner Turmschreiber an. Seit 2017 ist er Mitglied des Turmschreiber-Präsidiums.

Die beschriebene Nachtwächterführung kann gebucht werden über das Stadtführungs-Unternehmen Weis(s)er Stadtvogel GmbH, Unterer Anger 14, 80331 München, Tel. 089/ 203245360. E-Mail info@stadtvogel.de; Web-Seite www.stadtvogel.de.

Wolfgang Oppler,
Abt-Williram-Straße 23, 85560 Ebersberg
08092/2301754
oppler@bayern-mail.de

Anette Spieldiener

Magische Kulturvermittlung – Menschen ungewohnte und überraschende Perspektiven auf die Stadt zu ermöglichen – dafür steht die Theaterwissenschaftlerin und Kirchenmusikerin Anette Spieldiener mit ihrer Münchner Schatzsuche. Der szenische Spaziergang „Dichter & Denker in den Maximiliansanlagen" erinnert an König Ludwig II., Annette Kolb, Oskar Maria Graf und Erich Kästner. Ebenfalls mit Schauspiel taucht man in den Auer Dschungel ein, immer begleitet vom Rauschen des Mühlbachs. Musikalisch-poetische Spaziergänge über Carl Spitzweg, Franz Graf Pocci, Gustav Mahler oder Annette Kolb lassen unsichtbare Spuren dieser prominenten Persönlichkeiten aufleuchten.

Anette Spieldiener öffnet Türen: Sei es als Theaterhistorikerin zu den Ausstellungen des Theatermuseums, sei es als Organistin zu ungewöhnlichen interreligiösen Kirchen, sei es als begeisterte Kulturvermittlerin zu Designhotels oder als unermüdliche Entdeckerin die verborgenen 5 Türen der Fünf Höfe samt ihren sinnlichen Botschaften. Vom literarischen Spaziergang über Kirchenführungen, Liedwanderungen bis zum philosophischen Café: Immer tun sich unerwartete Verknüpfungen der Theater-, Musik-, Architektur- und Literaturgeschichte auf.

Münchner Schatzsuche
Anette Spieldiener M.A.
– spielt, singt, spricht, schreibt, spaziert –
Elektrastr. 11, 81925 München
0157 / 830 59 154
www.muenchner-schatzsuche.de / auf@muenchner-schatzsuche.de

Rita Steininger

studierte Ethnologie (M.A.), absolvierte studienbegleitend eine Journalistenausbildung und arbeitet seither als freie Autorin und Lektorin in München. Seit 2012 bietet sie außerdem – vorwiegend literarische – Stadtteilführungen an. Ihr besonderes Interesse gilt dabei den Schriftstellern, die im ersten Drittel des 20. Jahrhunderts in München lebten und arbeiteten. Zu diesen gehören die Literaten der Schwabinger Bohème ebenso wie die Schriftsteller, die sich 1918/19 an der Revolution und Rätebewegung beteiligten. Im Volk Verlag veröffentlichte die Autorin 2020 die Biografie „Gustav Landauer – ein Kämpfer für Freiheit und Menschlichkeit", die erstmals den privaten Werdegang des großen Kulturphilosophen, Schriftstellers und Publizisten in den Vordergrund stellt. Begleitend zu ihren Rundgängen verfasste Rita Steininger außerdem den Mini-Stadtführer „München literarisch – von der Altstadt in die Welt der Schwabinger Bohème" sowie (gemeinsam mit Elvira Bittner) den Mini-Stadtführer „Jüdisches München. Auf den Spuren jüdischen Lebens in München bis 1938", die beide ebenfalls im Volk Verlag erschienen sind.

rita.steininger@t-online.de
www.rita-steininger.de

Hans-Joachim Wehlmann

Der gebürtige Augsburger wächst im Chiemgau auf. Nach Abitur, Wehrpflicht und Hotelfachschule zieht er nach München ins Westend, lernt Hotelkaufmann im Bayerischen Hof und studiert Betriebswirtschaftslehre an der LMU, finanziert durch Jobs in der Gastronomie und auf dem Oktoberfest.

Nach 30 Jahren als Manager bei Hacker-Pschorr und Philip Morris sowie als Unternehmensberater macht er sein Hobby zum Beruf. Seit 8 Jahren führt er Menschen durch München.
Motto: „Ich male Bilder mit Worten!"

www.stadtvogel.de
www.pandapass.eu
wehlmann@online.de
015221610675

Cornelia Ziegler

Warum nenne ich meine Führungen "Stadtentdeckungen?" Weil es mir nicht nur um Fakten geht, sondern auch um Wahrnehmung und das Erkennen von Zusammenhängen. Um das selbst Hinschauen, um die Frage, warum ist etwas, so wie es ist? Warum ein Lokal in einem Münchner Park in Wirklichkeit ein Schloss ist? Und was ein Reißverschluss mit einem Bauwerk aus dem Dritten Reich zu tun hat. Für mich ist es kein Beruf, sondern eine Berufung, mit Menschen in die Geschichte von München einzutauchen und die Stadt zu entdecken.

Auch wenn ich laut einem griechischen Kollegen dem ältesten Gewerbe der Welt nachgehe – immerhin gab es schon im antiken Delphi Führer zu den Orakelstätten, so bin ich nicht käuflich. Aber buchbar! Für Gruppen und Grüppchen. Die einen runden Geburtstag feiern oder einen Nichtgeburtstag, für Förster und Firmen, Versicherungsmakler und Vereine, für wissensdurstige Damengruppen und unternehmungslustige Männercliquen, Junggesellen- und Junggesellinenabschiede. Und alle, naja, fast alle, wollen anschließend noch einkehren. Nur wohin? Ich kenne die passenden Lokale. Die für den kleineren Geldbeutel oder die für den größeren. Und die zum Thema der Führung passen.

Stadtentdeckerin und Autorin
Cornelia Ziegler
Joergstr. 62, 80689 München
089/35731289
www.muenchen-stadtentdeckungen.de
www.cornelia-ziegler.de

Verwendete Abkürzungen:
MStM = Münchner Stadtmuseum
StAM = Stadtarchiv München

Bildnachweis:
Umschlagabbildungen: U1 wikipedia, Richard Huber, StAM FS-STB-4777, U2 Michael Volk, U3 Alexander Kardaschenko, Michael Volk, U4 Villa Griesebach.
Seite 10 MStM IIh/7, Seite 13 StAM DE-1992-HV-BS-B-02-25, Seite 15 MStM G-IIb-53, Seite 17 StAM HV-BS B 2-1, Seite 19 MStM IIb/9, Seite 20 links StAM DE-1992-FS-NL-KV-1748, Seite 30 rechts StAM DE-1992-HV-BS-A-01-75, Seite 23 Anton Brandl, München, Seite 24 Anton Brandl, München, Seite 25 Bayerische Schlösserverwaltung, Seite 27 wikipedia, Richard Huber, Seite 28 Anton Brandl, München, Seite 29 Pitchathorn Chitnelawong | Dreamstime.com, Seite 30 oben Archiv Sammlung Café Luitpold, Seite 30 unten: Anton Brandl, München, Seite 31 Wikipedia, Seite 33 links Anton Brandl, München, Seite 33 rechts: wikipedia, High Contrast, Seite 34 wiki commons, Fred Romero, Seite 35 StAM, Seite 36 Museum für Abgüsse Klassischer Bildwerke, Foto: Ulrich Hofstätter, Seite 37 wiki commons, Felix Löschner, Seite 38/39 oben wikipedia, Seite 39 unten Staatliche Antikensammlungen und Glyptothek München, Foto: Renate Kühling, Seite 42 StAM DE-1992-FS-PK-STB-01648, Seite 43 StAM DE-1992-FS-PK-STB-13093, Seite 45 StAM DE 1992-FS-NL-PETT1-4197, Seite 47 links StAM DE-1992-FS-NL-PETT2-3525, Seite 47 rechts Wikimedia commons, Richard Huber , Seite 48 Veronika Schmidtke-Sieben, Seite 50: Michael Volk, Seite 51 StAM DE-1992-PL-03421, Seite 52 StAM DE-1992-FS-PK-ERG-09-0345, Seite 55 Bayerische Schlösserverwaltung (Joseph Albert), Seite 56 MKG Sammlung Online | StartSeite (mkg-hamburg.de), Seite 57 StAM FS-NL-WEIN-0052, Seite 58 wikipedia_Landschulheim Kempfenhausen am Starnberger See, Seite 59 Bayerische Schlösserverwaltung, Seite 60 Marlies Lüpke, Seite 61 Bayerische Schlösserverwaltung, Seite 63 links Marlies Lüpke, Seite 63 rechts StAM DE-1992-FS-NL-PETT1-0625, Seite 64 wikimedia commons_ Schros75, Seite 65 StAM C 1903131, Seite 67 Marlies Lüpke, Seite 68 Michael Volk, Seite 69 Dirk E Ellmer | Dreamstime.com, Seite 73 MStM A1_4-ONLINE, Seite 74 StAM DE-1992-FS-NL-PETT1-4131, Seite 75 Michael Volk, Seite 76 wikipedia, Rufus46, Seite 77 Michael Volk, Seite 79 Michael Volk, Seite 80 StAM DE-1992-FS-AB-ERG-0101GF, Seite 81 Michael Volk, Seite 83 Michael Volk, Seite 84 Michael Volk, Seite 87 Michael Volk, Seite 88 Michael Volk, Seite 89 StAM DE-1992-FS-HB-XX-W-096, Seite 90 Christian Koch, Seite 92 Christian Koch, Seite 93 StAM DE-1992-FS-NL-PETT1-1306, Seite 95 Michael Volk, Seite 96 Michael Volk, Seite 97 StAM DE-1992-FS-HB-XX-W-115, Seite 98 Michael Volk, Seite 99 Michael Volk, Seite 100 Michael Volk, Seite 101 Michael Volk, Seite 103 Michael Volk, Seite 106 StAM FS-STB-4777, Seite 108 StAM DE-1992-FS-NL-PETT1-1314, Seite 110 StAM DE-1992-FS-NL-PETT1-2828, Seite 111 MStM G-Neuner312, Seite 113 StAM DE-1992-FS-NS-01259, Seite 114 StAM DE-1992-FS-HB-XX-R-072 KF, Seite 115 Bayerisches Wirtschaftsarchiv F2 (Löwenbräu) 1031, Seite 117 StAM DE-1992-FS-NL-PETT1-2706, Seite 118 StAM DE-1992-FS-NL-PETT1-2693, Seite 121 StAM PETT1-2545, Seite 124 StAM DE-1992-FS-NL-PETT1-0779, Seite 125 links und rechts Michael Volk, Seite 129 StAM DE-1992-FS-NL-PETT1-2020, Seite 130 Michael Volk, Seite 131 StAM DE-1992-FS-NL-PETT1-2728, Seite 132 StAM

DE-1992-FS-NL-PETT1-2020, Seite 133 StAM DE-1992-FS-HB-XX-S-146, Seite 135 Valentin-Karlstadt-Musäum, Seite 137 StAM DE-1992-FS-NL-KV-0478, Seite 141 Villa Griesebach, Seite 142 Alexander Kardaschenko, Seite 144 Michael Volk, Seite 145 Alexander Kardaschenko, Seite 146 Michael Volk, Seite 147 Michael Volk, Seite 149 Alexander Kardaschenko, Seite 152 Alexander Kardaschenko, Seite 153 Michael Volk, Seite 155 Michael Volk, Seite 156 Michael Volk, Seite 157 links, mitte und rechts Michael Volk, Seite 159 links Michael Volk, Seite 159 rechts Bayerische Schlösserverwaltung, Seite 163 StAM DE-1992-FS-PK-STB-03106, Seite 164 StAM DE-1992-FS-STB-6951, Seite 165 Michael Volk, Seite 166 Michael Volk, Seite 167 Michael Volk, Seite 169 Michael Volk, Seite 170 Michael Volk, Seite 171 Michael Volk, Seite 172 Michael Volk, Seite 173 Michael Volk, Seite 175 Michael Volk, Seite 179 Cornelia Ziegler, Seite 181 Alexandra Baur, Seite 183 Cornelia Ziegler, Seite 184 Cornelia Ziegler, Seite 185 Alexandra Baur, Seite 186 Cornelia Ziegler, Seite 188 Cornelia Ziegler.